JN058686

図説 鉄筋コンクリート構造

島﨑和司・坂田弘安 著

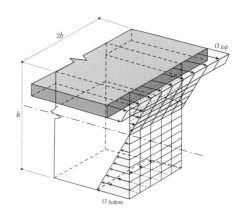

学芸出版社

はじめに

　鉄筋コンクリート構造をはじめ「構造設計」を扱う教科書では、どうしてそうなるかよりも、どのように算定するかに重きを置くものが多く見受けられる。しかし、教える側の立場に立つと、どのように算定するかを教えるためには、どうしてそうなるかを知る必要がある。自分で、鉄筋コンクリート構造を学習しようとすると、その両者が必要であり、さらに、どのように作り、どのように品質を担保するかの知識が必要になる。本書は、1冊でそれらの基本的なことを網羅する教科書になるように、まとめたものである。

　構造設計は、構造計画と構造計算からなる。この中で、構造計画は合理的な構造形式の選定を含めて構造物の安全上最も重要なところである。実際の設計では、構造計画は大雑把な構造計算や過去の経験、類似の設計結果、構造力学や材料力学の諸知識を総合して行うことになる。そのため、構造計画には構造物における力の流れや、構造部材の弾性時だけでなく塑性変形までを考慮した挙動特性についての十分な知識が必要になる。

　現行の設計法では安全性と使用性の確保は、構造計算と建築基準法施行令に示された安全性と使用性（耐久性を含む）に関する仕様基準を満足させることにより行うことになっている。現在では、一貫設計プログラムの進歩によりこうした知識なしでも安全性の検討が（表面上）できるようになり、ノウハウよりも、プログラムで計算された値が正しいかどうかを概算して検算するための基本的な知識が必要になる。こうしたことを踏まえて、本書では、鉄筋コンクリート部材の弾塑性挙動についての理解を助けるための基本的なことが示されている。

　内容としては、
　・鉄筋コンクリート部材を構成する材料の力学的特性
　・複合部材としての構成材料の力の分担
　・曲げに対する耐荷機構と、クラック、鉄筋の降伏などに起因する弾塑性挙動
　・せん断に対する耐荷機構
　・軸力に対する靱性確保
　・複合材料として成り立つための鉄筋とコンクリートの付着・定着
　・耐震壁の役割
　・スラブや基礎などの構造
　・設計から施工まで
などが記されており、鉄筋コンクリート造の成り立つわけ、鉄筋コンクリート部材の挙動（構造性能）、断面算定の基本についての3つを理解することを目標としている。本書を読んで、「あれ？何で？」というように疑問を持ち、自ら、建築学会の規準書などを参考として調べるような進め方をすると効果的と思われる。

2021年5月　著者

目　次

1章

鉄筋コンクリート構造とは

1・1 鉄筋コンクリート構造の概要

　鉄筋コンクリート構造は、コンクリートと鉄筋を組み合わせた構造である。それぞれの材料の性質については、次章で詳しく述べるが、コンクリートは、図1.1に示したように、セメントと水からなるセメントペーストで骨材を接着したものであり、圧縮強度に比べ、引張強度は極めて小さい。セメントペーストは、セメントが水と水和反応して硬化するが、コンクリートを作る時の水の量は、施工性の観点から必要な量よりかなり多いので、硬化したコンクリートには、余剰の水が残ってしまう。これが乾燥するとコンクリートが収縮したり（乾燥収縮）、コンクリート中に微細な空隙ができることになる。また、セメントペーストは強アルカリ性を示す。

　一方、鋼材は、引張にも圧縮にも同じ強さを持ち、その強度はコンクリートの圧縮強度の10倍以上となる。ところが、熱を受けると強度が低下する、錆が生じやすいなど、耐久性に難点がある。また、鉄筋として用いられる時には、図1.2に示すように細長い形状となり、圧縮力に対しては座屈するため抵抗できない。

　表1.1に示したように鉄筋コンクリート構造は、こうしたコンクリートと鋼材の互いの欠点をカバーしあう合理的な構造形式として、多くの建物に用いられている。また、型枠に合わせてコンクリートを流し込むという施工法から、造形性に優れた構造として、学校、病院などの公共の建物や集合住宅などに多用されてきた。特に、住宅建築に関しては、居住者の環境と安定性を守るという目標性能を、適度の重量と剛性により満足させることができ、数多く用いられている。また、近年の数多くの実験的研究、地震応答解析手法の進歩、材料の高強度化、施工技術の向上により、30階を超える鉄筋コンクリートラーメン構造が住宅の建設に利用されるようになり、

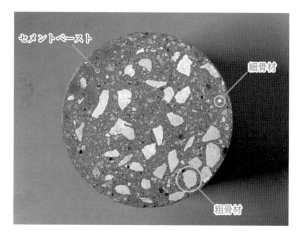

図1.1　コンクリート

図1.2　鉄筋

表1.1　鉄筋コンクリート構造

コンクリート	カバーする方向	鉄筋
引張に弱い	←	引張に強い
アルカリ性	→	錆びやすい
かぶり厚さ	→	座屈
	→	熱に弱い

都市部における超高層集合住宅の構造形式として多用されるようになっている（図1.3）。

　コンクリートを鉄筋で補強するという考え方は、セメントの考案改良とともに表1.2に示すように進展し、1867年にフランス人のMonierが植木鉢などの特許を取り、広まったと言われている。

図1.3　横浜みなとみらい地区の超高層住宅

表1.2　鉄筋コンクリート構造の歴史

年	人物	内容
1756	Smeaton（英）	水硬性セメントの考案
1796	Parker（英）	ローマンセメント考案
1808	Dodd（英）	RCの提案（錬鉄）
1824	Aspdin（英）	ポルトランドセメントの特許
1849	Lambot（仏）	モルタルと鉄によるボート
1861	Coignet（仏）	床スラブ、梁などの特許
1867	Monier（仏）	植木鉢などの特許

（出典：藤本盛久『構造物の技術史』市ヶ谷出版社、2001）

Break Time

　鉄筋コンクリート構造が日本に導入されて、多くの地震被害により耐震設計の重要性が認識され、地震時の安全性の検証が重要な項目となっている。そのため本書においても、安全性に関することに多くのスペースが割かれている。しかし、コンクリートには、乾燥収縮、クリープという現象があるため、スラブの長期たわみや、外壁面のひび割れ制御等の長期の性状についても、使用性や耐久性の観点から検討する必要がある。

　床スラブの長期たわみに影響を及ぼす因子には、①コンクリートのひび割れ、②コンクリートのクリープ、③乾燥収縮、④端部筋の抜け出し、があり、既往の研究[*1]では、全たわみに占める、コンクリートのひび割れによるものの割合が30〜40％、クリープによるものの割合が15〜20％、乾燥収縮によるものの割合も同じく15〜20％、端部筋の抜け出しによるものの割合が20〜30％となっている。

　また、外壁面のひび割れは、漏水の原因となるため、あらかじめひび割れる箇所を想定して目地を作っておき、そこをシールして防水している。ひび割れ防止のための設計・型枠工事・コンクリート工事でのチェックポイントは、以下のようになる。

　設計においては、①エキスパンションジョイント、②垂直目地の位置、③水平目地の位置、④目地の深さ、⑤水平・垂直目地の区画面積、⑥外壁の壁筋比、⑦外壁の壁厚について検討する。鉄筋工事においては、①鉄筋補強（小スパン4m未満の場合）、②誘発目地とスパンに応じた鉄筋補強、③開口部ひび割れ防止筋の量、④開口部ひび割れ防止筋の許容位置、⑤スリーブ廻り補強筋、⑥設備配管の位置について確認が必要になる。コンクリート工事においては、①コンクリートの品質管理、②打継部の処理、③鉄筋のかぶりの確保、④コンクリートの打設方法、⑤コンクリートの養生（散水、夏期養生）についてしっかりとした確認と対応が必要である。

＊1　岩田樹美、大野義照、吉村満「鉄筋コンクリートスラブの長期たわみに及ぼす各種要因の影響」『コンクリート工学年次論文集』Vol.28、No.2、pp481-486、2006

1・2 鉄筋コンクリート構造の特性

1. 耐久性

　鉄をかぶりコンクリートでカバーすることにより、鉄筋の発錆を防ぎ、耐久性の確保がなされる。特に、密実なコンクリートでは、耐久性に優れ維持管理の手数が大幅に低減される。こうしたことから、海岸近くの空港ターミナルビルや図1.4に示したタワー建物のように、本来鋼構造が得意とする分野でも鉄筋コンクリート構造が用いられている。

2. 耐火性

　1995年の阪神・淡路大震災において、鉄筋コンクリートの建物は、類焼は受けたが、その耐火性能により延焼停止線の役目を果たした（図1.5）。これらの建物は、コンクリート強度の調査の後、仕上げや内装を修復して再利用されている。

3. 耐震性

　鉄筋コンクリート構造は、鋼構造や鉄骨鉄筋コンクリート構造に比べ耐震性能に劣ると考えられ、中低層建築に限定されていた時期があった。しかし、設計・施工技術の向上によりコンクリートの弱点も克服され、いまでは図1.3に示したように多くの超高層建築に用いられている。

4. 設計の自由性

　コンクリートは、固まるまでは半流体であるので、自由に型枠に合わせた形とすることができ、固まった後は一体性を保つことが可能である。このため、ユニークな形状の建物を形成することができる。また、力学的に最適な形状を用いて、薄肉の構造体を作ることも可能である。また、表面は独特の風合いをもち、これを打放し仕上げという方法で、表面をそのまま仕上げとして用いることもある。こうして

図1.4　カナダ・トロントのCNタワー

火災状況

焼け止まり状況

図1.5　阪神・淡路大震災の神戸長田町地区の火災

（出典：日本建築学会『1995年阪神・淡路大震災スライド集』丸善、1995、p.39）

生み出された建築物には、シドニーのオペラハウス（図1.6）のようにそれほど古い建物ではないのに世界遺産に登録された建物も存在する。

5. 短所

1. から **4.** に、主として鉄筋コンクリート構造の利点を挙げたが、欠点としては、

・建物重量が大きくなりやすい

・ひび割れが入りやすい

・施工が煩雑

・施工期間が長い

・解体が困難

などがある。

鉄筋コンクリート構造が成り立つためには、鉄筋とコンクリートが一体となって働くことが必要である。そのためには、鉄筋とコンクリートが付着していることが必要である。一般的には、異形鉄筋と呼ばれる節の付いた鉄筋を用いることでコンクリートとの一体性を確保している。また、部材は、温度変化によって伸縮するが、鉄筋とコンクリートの線膨張率は、1×10^{-5}（1/℃）でほぼ同じであるので、同じように伸縮し、一体性が保たれる。

表1.1 に示した鉄筋の欠点をコンクリートでカバーするためには、鉄筋はコンクリートで囲まれている必要がある。この鉄筋を囲むコンクリートのことをかぶりコンクリートという。このかぶりコンクリートの役割は、

①鉄筋の発錆を防ぐ

②鉄筋の耐火性確保

③鉄筋の座屈防止

④鉄筋とコンクリートの一体性（付着）確保

であり、構造上と耐久性上の両者から必要となる。そのために、法律により最低かぶり厚さが規定されている。このかぶり厚さは、最外端の鉄筋が、コンクリートに覆われている厚さを示すことになるので、柱、梁では図1.7 に示した t の部分の厚さとなる。

図1.6 オーストラリア・シドニーのオペラハウス
（撮影：森國洋行）

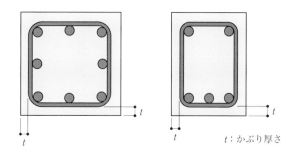

t：かぶり厚さ

図1.7 コンクリートのかぶり厚さ

1・3 鉄筋コンクリート構造の構工法

鉄筋コンクリート構造の主な構法としては、柱梁で荷重を支えるラーメン構造（図1.8 (a)）、壁とスラブで荷重を支える壁式構造（図1.8 (b)）がある。ラーメン構造では、水平力に対して柱のみで抵抗する純ラーメン構造と、柱梁で囲まれた壁を耐力壁として水平力に抵抗させる耐震壁付きラーメン構造があり、事務所ビルや共同住宅など多くの用途に用いられる。

壁式構造は、壁で鉛直力と水平力に抵抗し、柱梁型がなく、床スラブは直接壁で支えることになる。そのため、床面積を大きく取れないが、柱梁型の出っ張りがないので、もっぱら住宅系の建物に用いられている。

鉄筋コンクリート部材に生じる力としては、軸力、曲げモーメント、せん断力があり、それぞれの力によって断面に生じる引張力（圧縮力）に対して、鉄筋で補強することになる。このうち、軸力と曲げモーメントに抵抗する鉄筋を主筋と呼び、せん断力に抵抗する鉄筋をせん断補強筋と呼ぶ。せん断補強筋は、柱では帯筋（フープ）、梁ではあばら筋（スターラップ）と呼ばれることが多い。壁では、横方向の鉄筋はせん断力に抵抗するが、縦方向の鉄筋は、曲げ・軸力と同時にせん断力にも抵抗するため、両者を合わせて壁筋と呼ばれる。これらの配筋は基本的に、柱梁部材においては、図1.9、1.10に示すように、

- ・部材の4隅に主筋
- ・引張の働くところに、必要量の主筋
- ・主筋と直行方向にせん断補強筋
  - ・柱：帯筋（フープ：Hoop）
  - ・梁：あばら筋（スターラップ：stirrup）

とする。

鉄筋の量は、柱主筋の全断面積は、その主筋を横切る断面のコンクリート面積に対して0.8%以上、

せん断補強筋は補強筋を横切る断面のコンクリート面積に対して0.2%以上必要とされている。床スラブでは、ある断面での鉄筋の全断面積が、コンクリートの断面積に対して0.2%以上、耐震壁の鉄筋では縦横筋とも0.25%以上必要とされている。

図1.9　柱の主筋とフープ

図1.10　梁の主筋とスターラップ

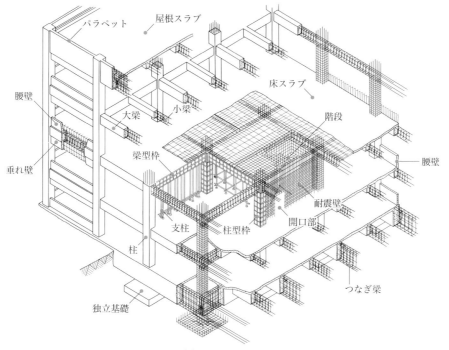

パラペット
屋根スラブ
床スラブ
腰壁
大梁　小梁
階段
梁型枠
腰壁
垂れ壁
耐震壁
支柱　柱型枠
開口部
柱
独立基礎
つなぎ梁

(a) ラーメン構造

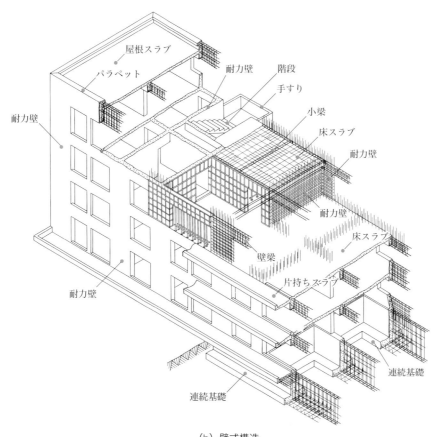

屋根スラブ
耐力壁　階段
パラペット
手すり
小梁
床スラブ
耐力壁
耐力壁
耐力壁
床スラブ
壁梁
片持ちスラブ
耐力壁
連続基礎
連続基礎

(b) 壁式構造

図1.8　鉄筋コンクリート構造の主な構法（出典：日本建築学会『構造用教材』（改訂第2版）丸善、2000、p.49）

1・4 鉄筋コンクリート構造の要求性能と構造設計

鉄筋コンクリート構造建物の要求性能は、安全性、耐久性、使用性・快適性の3つに分類される。

1. 安全性

安全性に対処するためには、図1.11に示したような荷重・外力に対処する必要がある。

a) 鉛直方向荷重

建物躯体はまず鉛直荷重を支えなければいけない。コンクリートは自重が重く、さらに積載荷重を支えるためには、かなりの断面が必要となる。これは、長期に作用する荷重であり、長期性状を加味した長期許容応力度設計が用いられている。また、多雪地域では積雪荷重が加わる。積雪荷重は、長期と短期と両者が考えられるが、いずれも許容応力度設計で断面検定を行う。

b) 水平力

主たる水平力は地震力と風力である。地震力は自重が重いと不利になり、風力はその逆であるので、鉄筋コンクリート構造で考慮すべき水平力はもっぱら地震力である。現状の鉄筋コンクリート構造の設計では、鉛直荷重よりもこの地震力により柱梁の断面がおおむね決まっている。

現在の設計においては、地震力のレベルを、稀に起こる地震と、極めて稀に起こる地震の2つのレベルで考えている。稀に起こる地震とは、建物の耐用年数中に数度生じるレベルの地震で、震度5強程度を想定している。この地震に対しては、建物の損傷を抑え、主要構造部材は補修をしなくてもそのまま再利用が可能なように設計する。

極めて稀に起こる地震とは、数百年に一度発生するような地震で、震度6強から7程度を想定している。この地震に対しては、建物が崩壊して人命に損傷を与えないことを最低限の目標として設計を行う。

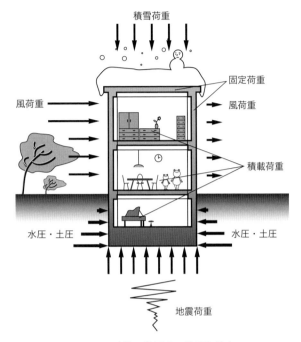

図1.11　建物に作用する荷重と外力

Point　設計のポイント（1）

一般的には、主筋が降伏しない弾性範囲に収まるよう、短期許容応力度設計を行う。これを損傷制御設計ということもある。本書では、この状態を短期（損傷制御）と表記する。

c) 耐火性

鉄は、熱を受けると耐力が低下するため、火災時の構造安全性確保には、耐火被覆が必要となる。鉄筋コンクリート構造は、前述したかぶり厚さが確保されていれば、これが耐火被覆の役目を果たすため、一般の構造設計において耐火設計を検討することはほとんどない。

2. 耐久性

鉄筋コンクリート構造で耐久性が低下するのは、コンクリートの中性化やひび割れにより鉄筋の防錆効果がなくなるためである。このため、かぶり厚さの確保により中性化の影響を防ぐとともに、構造体表面に生ずるひび割れ幅が0.3mmを超えないように制限することを、耐久性についての設計の目標としている。

その他、耐久性に影響のある特殊な例としてアルカリ反応を起こす骨材によるものや、寒冷地での凍結融解によるものなどがある。

3. 使用性・快適性

居住性の面からみると、遮音性、振動、たわみ、傾斜などに考慮する必要がある。特に住宅系の建物においては、隣戸や上下層との遮音性能などを考えたプライバシーの観点より、スラブや壁の厚さを150mm以上とることが多い。また、振動やたわみ、傾斜が使用者の感覚障害、建物の機能障害を引き起こさないように、梁やスラブは十分な剛性と強度を持つ必要がある。

4. 構造部材に考慮すべき項目

鉄筋コンクリート構造の構造部材と考慮すべき点を表1.3にまとめた。

ラーメンを構成する主な構造部材である梁では、曲げ、せん断に抵抗するための検討とともに、鉄筋コンクリート部材として一体性を保てるかどうかの付着の検討が必要である。柱では、さらに軸力に対

Point　設計のポイント（2）

一般的には、主筋の降伏は許すが、コンクリートの圧壊や圧縮鉄筋の座屈などによって耐力が低下しないように、変形性能を確保するための設計が行われる。これを安全性の検証ということもある。本書では、この状態を短期（安全性）と表記する。建物によっては、極めて稀に起こる地震に対しても、耐力を大きくとって変形性能に期待しない設計が行われる場合もある。

MEMO　その他の制限項目

施工性の面からスラブ厚・壁厚は、かぶり厚さや、骨材径などにより制限される。また、温度変化によって部材内に生じる力や、乾燥収縮、開口補強などにより、構造断面が制限されることもある。

表1.3　主要構造部材に考慮すべき事項

部材	検討する耐力	剛性
梁	曲げ、せん断、付着	T形梁
柱	軸力、曲げ、せん断、付着	袖壁
接合部	せん断、定着	—
耐震壁	曲げ、せん断	開口壁 基礎バネ 境界梁
スラブ	曲げ、パンチングシアー	—
基礎	曲げ、パンチングシアー	地盤

しての検討が必要となる。柱と梁の接合部では、2つの部材の応力から過大なせん断力を受けることになるため、その強度に対する検討が必要であるし、柱、梁の主筋が接合部内で一体性を保てるかどうかの定着の検討が必要である。

耐震要素として重要な耐震壁は、その負担するせん断力とモーメントに対して安全であることを検討するのは当然であるが、どれだけ力を負担するかを正しく評価するための剛性評価が重要である。耐震壁は、耐震壁自体の曲げ変形・せん断変形の他に、大きな水平力を負担することになるので、基礎に作用する軸力が大きくなり、基礎の回転による変形も考慮する必要がある。

スラブは、直接床荷重を支えるので、荷重が集中しても　耐力保持が可能なように曲げ耐力の検討が必要である。また、大きな集中荷重を受けるような場合、そこが打ち抜かれるような破壊を起こすパンチングシアー（図1.12）の検討が必要となる。

これらの荷重は、基礎構造を通じて地盤で支えられるため、基礎も重要である。基礎は、フーチングで直接地盤に支えられる構法と、杭基礎で地中深くの支持層と呼ばれる地盤で支える構法とがある。これらに対しても、その形状により、曲げ、せん断の検討が必要となる。また、地盤の剛性によっては、耐震壁の水平剛性に影響が大きいので、そのような観点からも検討が必要となる。

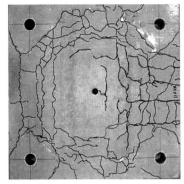

図1.12　パンチングシアー破壊の例

問題 1・1

①鉄筋コンクリート構造は多くの建物に用いられているが、その理由は何か。

②鉄筋コンクリート構造の耐震設計で重要なことは何か。

③柱・梁部材の配筋の基本について、図を書いて示しなさい。

④鉄筋コンクリート部材のかぶりコンクリートとは何か。またその役割は何か。

$2_{章}$

コンクリートと鉄筋の性質

2·1 コンクリート

1 コンクリートの概要

　コンクリートは、骨材（細骨材と粗骨材）をセメントと水からなるセメントペーストで接着したものである（図2.1、図1.1）。コンクリートの圧縮強度は、水セメント比によって決まる。一般にコンクリートの水の量は施工時の作業性を確保するために、セメントペーストとして硬化するのに必要な量より多い。その余った水分の乾燥により、コンクリートが収縮（乾燥収縮）したり、コンクリート中に微細な空隙ができることになる。コンクリートは引張力に対して極めて弱い。これは、コンクリート中の微細な空隙が欠陥となることが一因と考えられている。コンクリートの施工性や硬化後の品質などを大幅に改善する目的で、コンクリート製造過程においてAE剤、AE減水剤などの混和剤を添加・混入することがある。本章で述べるコンクリートの性質に関しては、日本建築学会の『建築工事標準仕様書・同解説 JASS5 鉄筋コンクリート工事』および『鉄筋コンクリート構造計算規準・同解説』（RC規準）に記述の定義を随所に引用している。

2 コンクリートの種類

1. 気乾単位容積質量による種類

　表2.1に示すように、気乾単位容積質量により、普通コンクリート、軽量コンクリート1種・2種、重量コンクリートに分けられる。

a) 普通コンクリート

　呼び強度はJASS5では、18 ～ 45 N/mm² で、RC規準では、18 ～ 60 N/mm² である。絶乾密度が2.5 ～ 2.8の普通骨材を用いており、コンクリートの気乾単位容積質量は 2.1 ～ 2.5 t/m³ である。空気量は

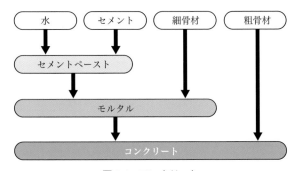

図2.1　コンクリート

keyword

● 水セメント比

　水とセメントの重量比をいう。

● 呼び強度

　品質基準強度に構造体強度補正値を加えた値である。生コン工場が打設28日後においてその強度が発現されることを保証する強度である。具体的には、ミキサー車の出口で取り出した生コンを常温（摂氏20℃）で保管して28日経過した供試体の圧縮強度である。

● 品質基準強度

　構造体の要求性能を得るために必要とされるコンクリートの圧縮強度であり、通常は設計基準強度と耐久設計基準強度の大きいほうの値とする。

● 設計基準強度

　コンクリート構造物を設計する際に基準とする圧縮強度である。設計基準強度 24 N/mm² のコンクリートは $F_c 24$ と表す。

● 耐久設計基準強度

　耐久設計に用いるコンクリート強度で、構造体の計画供用期間が長くなるほど大きくなる。

● 絶乾密度

　水分を全く含んでいない骨材の比重である。

4.5 %である。

b)軽量コンクリート

骨材として軽量骨材と呼ばれる砂・砂利を用いて比重が小さなコンクリートを作ることが可能となる。建物重量を軽くして地震荷重を小さくすることが可能となるが、圧縮強度は普通コンクリートと比較してやや小さくなる。

細骨材に天然砂、粗骨材に人工軽量骨材を用いたものを軽量コンクリート1種と呼び、細骨材の一部、もしくは全部に人工軽量骨材、粗骨材に人工軽量骨材を用いたものを軽量コンクリート2種と呼ぶ。コンクリートの気乾単位容積質量は 2.1 t/m³ 以下で、軽量コンクリート1種で 1.8 〜 2.1 t/m³、軽量コンクリート2種で 1.4 〜 1.8 t/m³ である。JASS5 では軽量コンクリートの呼び強度は 18 〜 40 N/mm² であり、空気量は 5.0 %である。RC 規準では、呼び強度は、軽量コンクリート1種で 18 〜 36 N/mm² であり、軽量コンクリート2種で 18 〜 27 N/mm² である。

c)重量コンクリート

骨材の一部または全部に重量骨材を使用し、単位容積質量を普通コンクリートより大きくしたコンクリートである。遮蔽用コンクリートおよび水中コンクリートに使用される。コンクリートの気乾単位容積質量は 2.5 t/m³ 以上である。

2. 施工条件・要求性能による種類

施工条件や要求性能に対応したコンクリートの種類を表 2.2 に示す。

a)高強度コンクリート

JASS5 では、呼び強度 50 〜 60 N/mm² のコンクリートを高強度コンクリートとしているが、RC 規準では定められておらず、この範囲の呼び強度も先に示したように普通コンクリートに含められている。近年では、RC 構造物の高層化を実現するために、200 N/mm² の圧縮強度を有するコンクリートも用いられている。このようなコンクリートは超高強度コンクリートと呼ばれている。

表 2.1　気乾単位容積質量による種類

種類		気乾単位容積質量 (t/m³)	呼び強度 JASS5 (N/mm²)	呼び強度 RC 規準 (N/mm²)
普通コンクリート		2.1 〜 2.5	18 〜 45	18 〜 60
軽量コンクリート	1 種	1.8 〜 2.1	18 〜 40	18 〜 36
	2 種	1.4 〜 1.8		18 〜 27
重量コンクリート		2.5 以上	18 〜 45	18 〜 60

表 2.2　施工条件・要求性能による種類と特徴

種類	特徴
高強度コンクリート	・呼び強度 50 〜 60 N/mm² ・近年は 200 N/mm² の圧縮強度をもつ超高強度コンクリートもある
寒中コンクリート	・コンクリート打設後の養生期間で凍結するおそれのある場合に施工される ・施工時気温 4℃ 以下の時期は寒中コンクリートとして扱う ・初期凍害の防止、低温による強度増進遅れに対応する
暑中コンクリート	・高い気温、日射の影響によりコンクリート温度が高くなることにより種々の問題が発生しやすい場合に施工される ・一般的には、日平均気温の平均値が 25℃ を超える期間 ・コールドジョイントの発生
流動化コンクリート	・流動化剤をあと添加し、より大きなスランプを得る
マスコンクリート	・部材断面の最小寸法が大きく、ひび割れが入る恐れがある部分に用いられる ・コンクリート硬化中にセメントの水和熱が蓄積され内部温度が上昇し、部材表面と内部の温度差が生じることなどがひび割れの原因
水密コンクリート	・特に高い水密性や漏水に対する抵抗性が要求される部位に用いられる
遮蔽用コンクリート	・生活保護のためにガンマ線や中性子線などの放射線を遮蔽する目的でコンクリート工事に用いられる
水中コンクリート	・水中または安定液中に打ち込むコンクリート工事に用いられる

b) 寒中・暑中コンクリート

　寒中コンクリートは、コンクリートの打ち込み後の養生期間で凍結するおそれのある場合に施工されるコンクリートをいう。施工時の気温が 4℃ 以下の時期は寒中コンクリートとして扱う必要がある。

　暑中コンクリートは、気温が高かったり日射の影響でコンクリート温度が高くなり、そのために種々の問題が発生しやすい場合に施工されるコンクリートをいう。一般的には、特記により定めるが、特記のない場合は、日平均気温の平年値が 25℃ を超える期間を基準として定める。

c) 流動化コンクリート

　流動化コンクリートは、コンクリートに流動化剤をあと添加して、スランプ 8 〜 15 cm 程度のコンクリートが得られる単位水量で、より大きなスランプのコンクリートが得られるようにしたコンクリートである。また、流動性を著しく高めたコンクリートを総称して高流動コンクリートという。

d) マスコンクリート、水密コンクリート

　マスコンクリートとは、部材断面の最小寸法が大きく、ひび割れが入る恐れがある部分のコンクリートである。断面寸法が大きいと、硬化中にセメントの水和熱が蓄積され内部温度が上昇する。この時に、部材表面と内部の温度差や、温度が低下する時の収縮変形拘束応力によりひび割れが生じる。

　水密コンクリートは、特に高い水密性や漏水に対する抵抗性が要求されるコンクリートである。水槽・プール・地下室などに用いられる。コンクリートの浸透性を低減したり、二重壁構造によって漏水を処理したり、防水層や止水層を設けたりする。

e) 遮蔽用コンクリート

　遮蔽用コンクリートは、主として生体保護のためにガンマ線や中性子線などの放射線を遮蔽する目的でコンクリート工事に用いられるコンクリートである。所要の性能が得られるように骨材や混和材料の選定に注意を要する。

MEMO　各種コンクリートの注意点

- ●暑中コンクリート
  ①運搬・打設時には直射日光をできるだけ避ける。
  ②散水などにより温度上昇を防ぐ。
  ③コールドジョイントの発生に注意をする。
  ④養生時には、直射日光による温度上昇を防止し、湿潤に保つ。
- ●寒中コンクリート
  　初期凍害の防止と低温による強度増進の遅れに対する対応が最も重要となる。
- ●流動化コンクリート
  　流動化剤の添加時期が遅くなるほど流動化後のスランプ低下が大きくなる性質があるので注意を要する。

---

keyword

- ●スランプ
  　硬化前のコンクリートの柔らかさを示すもので、スランプ値が大きいほど柔らかいコンクリートである（図 2.2）。

f）水中コンクリート

　水中コンクリートは、水中または安定液中に打ち込むコンクリート工事に用いるコンクリートである。水中や安定液中での高い材料分離抵抗性が要求される。乾燥収縮率の規定は適用されない。コンクリートの打ち込みにはトレミー管を用いる。

3　コンクリートの品質

　コンクリートの品質として、所要の強度、ワーカビリティー、スランプ（図 2.2）、ヤング係数、乾燥収縮率および耐久性を有している必要がある。

1. 品質基準強度

　コンクリートの品質の基準として定めるものに、品質基準強度がある。これは、構造体の要求性能を得るために必要とされるコンクリートの圧縮強度で、通常は、設計基準強度と耐久設計基準強度の大きいほうの値とする。

　設計基準強度は、コンクリート構造物を構造設計する際に基準とする圧縮強度で、18、21、24、27、30、33 および 36 N/mm² とする。

　耐久設計基準強度は、耐久設計に用いるコンクリート強度で、表 2.3 に示すように、構造体の計画供用期間が長くなるほど大きくなる。耐久性は、コンクリートの水セメント比に支配されるところが大きい。

2. ワーカビリティーおよびスランプ

　ワーカビリティーは、打込み箇所および打込み・締固め方法に応じて、型枠内および鉄筋周囲に密実にコンクリートを打ち込むことができ、かつブリーディングおよび材料分離が少ないものとする。

　コンクリートの荷卸し時のスランプは、18 cm 以下を標準として定める。ただし、調合管理強度が 33 N/mm² 以上の場合は、21 cm とすることができる。

　作業性を考えると、スランプが大きく流動性が高

30 cm の高さの円錐コーンにコンクリートを詰める

円錐コーンをゆっくり引き上げる

コンクリートの下がった距離（＝スランプ）を測定

図 2.2　コンクリートのスランプ試験

表 2.3　コンクリートの耐久設計基準強度（JASS5）

計画供用期間の級	耐久設計基準強度（N/mm²）
短　期	18
標　準	24
長　期	30
超長期	36 *

＊計画供用期間の級が超長期で、かぶり厚さを 10 mm 増やした場合は、30 N/mm² とすることができる。

いほうが、ワーカビリティーがよい。しかし、スランプが過大になると粗骨材が分離しやすくなる傾向があり、ブリーディング量も大きくなって、コンクリートの均質性が失われる。

3. 調合強度

コンクリートの強度は、材齢28日において調合管理強度以上とする。調合管理強度とは、調合強度を定め、調合強度を管理する場合の基準となる強度で、設計基準強度および耐久設計基準強度に、それぞれ構造体強度補正値（表2.4）を加えた値のうち大きい方の値であり、式2.1によって算出する。

$$F_m = F_q + {}_mS_n \ (\text{N/mm}^2) \cdots\cdots\cdots (2.1)$$

F_m：調合管理強度（N/mm²）

F_q：品質基準強度（N/mm²）
品質基準強度は、設計基準強度もしくは耐久設計基準強度のうち、大きい方の値とする。

${}_mS_n$：構造体強度補正値（N/mm²）
標準養生した供試体の材齢 m 日における圧縮強度と構造体コンクリートの材齢 n 日における圧縮強度の差による構造体強度補正値（N/mm²）。ただし、${}_mS_n$ の値は0以上とし、その標準値を表2.4に示す。

標準養生した供試体の強度分布における調合管理強度および調合強度と構造体コンクリート強度の分布における品質基準強度の関係は図2.3のようになる。

4. ヤング係数・乾燥収縮率および許容ひび割れ幅

コンクリートのヤング係数は、式2.2で計算される値の80%以上のものとする。建物の固有周期、部材の変形、床のたわみなどを算定する場合に重要なものである。

$$E_c = 3.35 \times 10^4 \times \left(\frac{\gamma}{2.4}\right)^2 \times \left(\frac{\sigma_B}{60}\right)^{\frac{1}{3}} = 2 \sim 3 \times 10^4 \ \text{N/mm}^2$$
$$\cdots\cdots\cdots\cdots (2.2)$$

E_c：ヤング係数（N/mm²）

γ：単位容積質量（t/m³）

表2.4　構造体強度補正値 ${}_{28}S_{91}$ の標準値（JASS5）

セメントの種類	コンクリートの打込みから28日までの期間の予想平均気温 θ の範囲（℃）	
早強ポルトランドセメント	$5 \leqq \theta$	$0 \leqq \theta < 5$
普通ポルトランドセメント	$8 \leqq \theta$	$0 \leqq \theta < 8$
中庸熱ポルトランドセメント	$11 \leqq \theta$	$0 \leqq \theta < 11$
低熱ポルトランドセメント	$14 \leqq \theta$	$0 \leqq \theta < 14$
フライアッシュセメントB種	$9 \leqq \theta$	$0 \leqq \theta < 9$
高炉セメントB種	$13 \leqq \theta$	$0 \leqq \theta < 13$
構造体強度補正値 ${}_{28}S_{91}$（N/mm²）	3	6

注：暑中期間における構造体強度補正値 ${}_{28}S_{91}$ は 6 N/mm² とする。

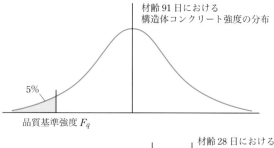

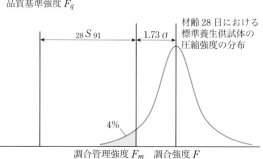

図2.3　構造体コンクリートの圧縮強度の分布と調合管理強度および調合強度の関係（出典：日本建築学会『建築工事標準仕様書・同解説 JASS5 鉄筋コンクリート工事』丸善、2018、p.239）

Point

（1）コンクリートの乾燥収縮率

計画供用期間の級が長期および超長期のコンクリートについて、主として耐久性を確保するために収縮ひび割れを低減する必要があることから、8×10^{-4} 以下とされている。

（2）耐久性確保

耐久性を確保するために、材料・調合に関しての規定がある。

コンクリートに含まれる塩化物量は、塩化物イオン量として 0.30 kg/m³ 以下とする。さらに、コンクリートは、骨材のアルカリシリカ反応による劣化を生じないものとする。

σ_B：圧縮強度（N/mm²）

4　コンクリートの力学的特性

1. 応力度－ひずみ関係

　固まったコンクリートの応力度 σ－ひずみ ε 関係を図 2.4 に示す。これは図 2.5 に示すような円柱供試体の圧縮試験を行って得られたものである。

　σ の最大値をコンクリートの圧縮強度 σ_B というが、ヤング係数は、$\sigma-\varepsilon$ 関係上で原点と $\frac{1}{3}\sigma_B$ ～ $\frac{1}{4}\sigma_B$ の応力度点を結ぶ直線による割線弾性係数で定義することが多く、その平均値は式 2.2 で予測できる。

2. 拘束効果

　図 2.6 は鉄筋コンクリートに対するせん断補強筋による拘束効果を示したものである。せん断補強筋の間隔を狭くしたり、中子筋を入れたりすることにより、(a) に示すように拘束領域が拡がり、(c) に示すように圧縮強度が上昇し、脆性的な特性が改善されることがわかる。

3. ポアソン比

　コンクリートのポアソン比 ν は、普通コンクリートでは $\nu = 0.18 \sim 0.20$、軽量コンクリートでは $\nu = 0.20 \sim 0.22$、高強度コンクリートでは $\nu = 0.20 \sim 0.23$ である。RC 規準ではコンクリートの種類にかかわらず $\nu = 0.20$ としている。

4. 圧縮強度と引張強度

　コンクリートの圧縮強度は水セメント比と大きく関係している。図 2.7 に示すように水セメント比が大きくなるほど圧縮強度は小さくなる。また同図から、セメント強度が高いコンクリートのほうが、圧縮強度が高くなることがわかる。このため、JASS5 では、単位水量は 185 kg/m³ 以下、単位セメント量は 270 kg/m³ 以上で、できるだけ少ないほうがよいと

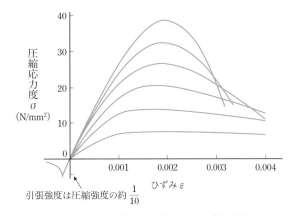

図 2.4　コンクリートの応力度－ひずみ関係

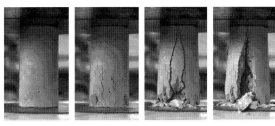

図 2.5　コンクリート円柱供試体の圧縮試験

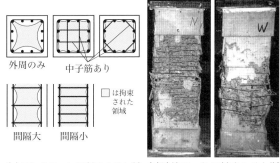

(a) コンクリートに対するせん断補強筋による拘束領域　(b) 破壊モードに対するせん断補強筋間隔の影響

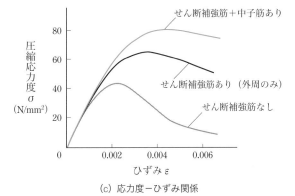

(c) 応力度－ひずみ関係

図 2.6　コンクリートの拘束効果

されている。水セメント比と調合強度は、次式に示す関係がある。

$$\frac{W}{C} = \frac{51}{\dfrac{F}{K} + 0.31} \quad\cdots\cdots\cdots\cdots\cdots\cdots\cdots\cdots (2.3)$$

$\dfrac{W}{C}$：水セメント比（%）

F：調合強度（N/mm²）

K：セメント強さ（N/mm²）

図2.8は、コンクリートの強度発現の様子を材齢28日を100%として示している。

引張強度は、圧縮強度の$\dfrac{1}{10}$程度でコンクリートはひび割れやすく、構造計算上は引張強度を無視する。

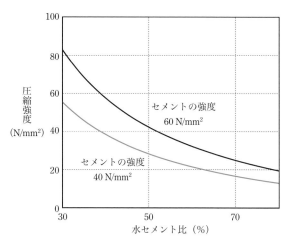

図2.7　コンクリートの圧縮強度－水セメント比関係

5. クリープ

図2.9に示すようにコンクリートに一定の応力度が載荷されると、時間の増加とともにひずみが増加する。この増加したひずみをクリープひずみという。図には1年後と10年後のクリープひずみを示しているが、クリープひずみは、載荷初期に大きく、徐々に増加率が減少する。図に示すように、応力度レベルが高いほどクリープひずみが大きくなる。

鉄筋にはクリープは生じないので、コンクリートのクリープにより圧縮鉄筋の応力度は増加し、圧縮鉄筋を多く入れることによりクリープ変形を減少させることができる。

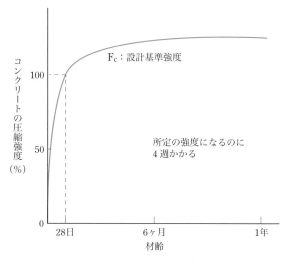

図2.8　コンクリートの圧縮強度率－材齢関係

6. 熱膨張係数

コンクリートの熱膨張係数は1×10^{-5}/℃程度である。これは鉄筋とほぼ同じで、温度変化に対してコンクリートと鉄筋はほぼ一体となって伸縮している。

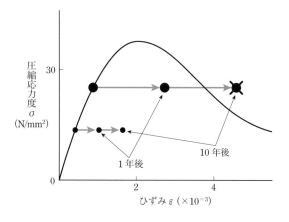

図2.9　コンクリートのクリープ

2・2 鉄筋

1. 鉄筋の応力度−ひずみ関係

鉄筋の応力度−ひずみ関係を図2.10に示す。図中に、①比例限度、②弾性限度、③降伏点、④降伏伸び終了点、⑤引張強さ、⑥破断点を示している。③−④間を降伏棚と呼ぶ。これらの関係は、鉄筋の軸方向に引張力を作用させて得られるが、この時の鉄筋の様子を図2.11に示す。

2. 鉄筋の種類と形状

鉄筋コンクリート構造に用いられる主な鉄筋は、鉄筋コンクリート用棒鋼（JIS G 3112）である。表2.5には、熱間圧延棒鋼（丸鋼：円形断面：記号SR）と熱間圧延異形棒鋼（異形鉄筋：表面突起：記号SD：図2.12）の降伏点、引張強さ、伸びを示している。

断面の形状を示すSRおよびSDの記号のあとに書いてある数値は、降伏点強度または0.2%耐力の下限値を示している。SD345〜SD490の鉄筋は、降伏点の上限値も規定されている。

伸びは、$8d$（d：鉄筋径）の長さで計測して求められる。

表2.6には、異形鉄筋の重量、公称直径、最外径、公称周長、公称断面積を示している。

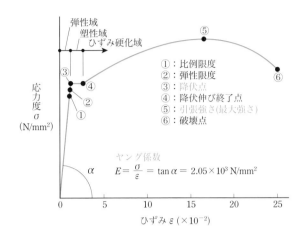

図2.10　鉄筋の応力度−ひずみ曲線

①：比例限度
②：弾性限度
③：降伏点
④：降伏伸び終了点
⑤：引張強さ（最大強さ）
⑥：破壊点

ヤング係数
$E = \dfrac{\sigma}{\varepsilon} = \tan\alpha = 2.05 \times 10^3 \text{ N/mm}^2$

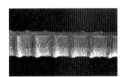

降伏棚時　図2.10 ③−④間

引張強さ到達後　図2.10 ⑤−⑥間

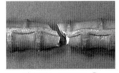

破断時　図2.10 ⑥

図2.11　引張試験時の異形鉄筋

竹節鉄筋

波節鉄筋

ねじ節鉄筋

図2.12　異形鉄筋
（出典：日鉄エンジニアリング㈱カタログ『異形棒鋼』を参考に作成）

表2.5　鉄筋の降伏点、引張強さ、伸び

種類	記号	降伏点または0.2%耐力 (N/mm²)	引張強さ (N/mm²)	伸び (%)
丸鋼	SR235	235 以上	380 〜 520	20 以上
	SR295	295 以上	440 〜 600	18 以上
異形鉄筋	SD295	295 以上	440 〜 600	16 以上
	SD345	345 〜 440	490 以上	18 以上
	SD390	390 〜 510	560 以上	16 以上
	SD490	490 〜 625	620 以上	12 以上

3. 鉄筋の継手

　鉄筋は無限に長いものを作ることはできないし、トラックなどによる運搬の制約から 6 m 程度のものが多い。鉄筋コンクリート構造物に用いる時は、鉄筋を継いで応力を伝達する必要が生じる。鉄筋の継手には、圧接して継ぐ圧接継手、コンクリートを介して継ぐ重ね継手、スリーブを用いて継ぐ機械式継手がある（11 章、図 11.7 参照）。

4. 鉄筋の高温時挙動

　鉄筋の高温時の挙動を図 2.13 に示す。

　図からわかるように、温度の上昇に伴って降伏点は低下してゆく。伸びは温度上昇に伴って減少してゆき、250℃ 付近で最小となり、その後は温度上昇に伴って伸びも増加する。ヤング係数は、温度上昇に伴って減少する。引張強さに関しては、300℃ 付近で最大になり、それ以上の温度上昇では急速に小さくなる。

表 2.6　異形鉄筋の公称周長、公称断面積

呼び名	重量 (kg/m)	公称直径 d (mm)	最外径 D (mm)	公称周長 l (mm)	公称断面積 s (mm²)
D10	0.560	9.53	11	30	71.33
D13	0.995	12.7	14	40	126.7
D16	1.56	15.9	18	50	198.6
D19	2.25	19.1	21	60	286.5
D22	3.04	22.2	25	70	387.1
D25	3.98	25.4	28	80	506.7
D29	5.04	28.6	33	90	642.4
D32	6.23	31.8	36	100	794.2
D35	7.51	34.9	40	110	956.6
D38	8.95	38.1	43	120	1140
D41	10.5	41.3	46	130	1340

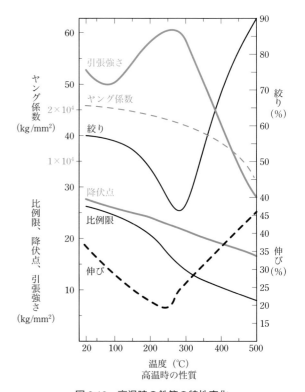

図 2.13　高温時の鉄筋の特性変化

（出典：日本建築学会『建築材料用教材（第 5 版）』丸善、1987、p.59）

2·3 鉄筋とコンクリートの付着

1. 付着の役割

　鉄筋とコンクリートが付着を介して一体となって挙動することが重要である。図 2.14 に鉄筋コンクリート単純梁に下向きの中央集中荷重が作用した場合を示す。(a) のように付着が十分でない場合は、コンクリートにひび割れが生じた瞬間に破壊にいたるが、(b) のように付着が十分な場合には、コンクリートにひび割れが生じても、付着を介して鉄筋とコンクリートが一体化して応力再配分が行われて、多くのひび割れが生じるまで耐えることができる。

2. 付着応力度に影響を与える要因

　付着応力度に影響を与える要因としては、鉄筋の表面状態（凹凸）、コンクリート強度、鉄筋位置、かぶり厚さ、鉄筋間隔、横補強筋がある。

3. かぶりコンクリートの役割

　鉄筋コンクリートにおけるかぶりコンクリートの役割としては、前述した鉄筋とコンクリートの一体性（付着）確保の他に、鉄筋の発錆防止、鉄筋の耐火性確保、鉄筋の座屈防止がある。表 2.7 にかぶり厚さの最小値を示す。コンクリートのかぶり厚さは、図 1.7 に示したようにコンクリート表面から最外側鉄筋までの距離であり、最外側鉄筋は一般的には、せん断補強筋である。表 2.7 に示されているように、土に接する部分のコンクリートのかぶり厚さのほうが、土に接しない部分のコンクリートのかぶり厚さより大きい。

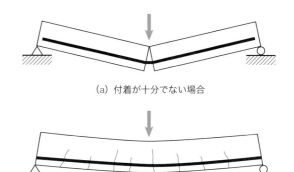

(a) 付着が十分でない場合

(b) 付着が十分な場合

図 2.14　鉄筋とコンクリートの付着の重要性

表 2.7　鉄筋に対するコンクリートのかぶり厚さの最小値 (mm)[長期]

部位			①によるかぶり厚さ		②によるかぶり厚さ
			仕上げあり	仕上げなし	
土に接しない部分	屋根スラブ、床スラブ、非耐力壁	屋内	20 以上	20 以上	20 以上
		屋外		30 以上	
	柱、梁、耐力壁	屋内	30 以上	30 以上	30 以上
		屋外		40 以上	
	擁壁		—	50 以上	—
土に接する部分	柱、梁、床スラブ、壁、布基礎の立ち上がり		—	40 以上	40 以上
	基礎、擁壁		60 以上	60 以上	60 以上

①日本建築学会『鉄筋コンクリート構造計算規準・同解説』
②建築基準法施行令第 79 条

許容応力度

RC 規準[*1]では、基本的に許容応力度設計を行うので、材料の許容応力度が必要となる。以下に各材料の許容応力度を示す。

1. コンクリートの許容応力度

コンクリートの許容応力度を表 2.8 に示す。長期に対しては、F_c に対して安全率を 3 として、短期に対しては安全率を 1.5 としている。軽量コンクリートでは、普通コンクリートと比較して、許容せん断応力度を 0.9 倍としている。また、引張は負担しないものとして設計を行う。

2. 鉄筋の許容応力度

鉄筋の許容応力度を表 2.9 に示す。長期許容応力度は、コンクリートの最大ひび割れ幅がおよそ 0.3 mm 以下となり、かつ、鉄筋の降伏点強度に対する安全率がおよそ $\frac{2}{3}$ になるように定められている。短期許容応力度は、JIS 最小降伏点強度と同じとしている。

3. 許容付着応力度

異形鉄筋のコンクリートに対する許容付着応力度を表 2.10 に示す。上端筋はその鉄筋より下に存在するコンクリートの沈下やブリーディングにより下端筋や縦筋に比べて付着強度が小さくなるため、小さく設定されている。

付着割裂の基準となる強度を表 2.11 に示す。大地震に対して安全性確保のための検討を行う時に、引張鉄筋の降伏時における平均付着応力度が付着割裂強度以下であることを確認する。この付着割裂強度を求める際に表 2.11 の値を用いる。軽量コンクリートでは普通コンクリートに比べて 0.8 倍となっている。

表 2.8 コンクリートの許容応力度（RC 規準）

	長期			短期		
	圧縮	引張	せん断	圧縮	引張	せん断
普通コンクリート	$\frac{1}{3}F_c$	—	$\frac{1}{30}F_c$ かつ $\left(0.49+\frac{1}{100}F_c\right)$ 以下	長期に対する値の 2 倍	—	長期に対する値の 1.5 倍
軽量コンクリート 1 種および 2 種			普通コンクリートに対する値の 0.9 倍			

注：F_c は、コンクリートの設計基準強度（N/mm²）を表す。

表 2.9 鉄筋の許容応力度（N/mm²）（RC 規準）

	長期		短期	
	引張および圧縮	せん断補強	引張および圧縮	せん断補強
SR235	155	155	235	235
SR295	155	195	295	295
SD295	195	195	295	295
SD345	215 (195 [*1])	195	345	345
SD390	215 (195 [*1])	195	390	390
SD490	215 (195 [*1])	195	490	490
溶接金網	195	195	295 [*2]	295

*1：D29 以上の太さの鉄筋に対しては（　）内の数値とする。
*2：スラブ筋として引張鉄筋に用いる場合に限る。

表 2.10 許容付着応力度（RC 規準）

	長期		短期
	上端筋	その他の鉄筋	
異形鉄筋	$\frac{1}{15}F_c$ かつ $\left(0.9+\frac{2}{75}F_c\right)$ 以下	$\frac{1}{10}F_c$ かつ $\left(1.35+\frac{1}{25}F_c\right)$ 以下	長期に対する値の 1.5 倍
丸鋼	$\frac{4}{100}F_c$ かつ 0.9 以下	$\frac{6}{100}F_c$ かつ 1.35 以下	

注：①上端筋とは曲げ材にあってその鉄筋の下に 300 mm 以上のコンクリートが打ち込まれる場合の水平鉄筋をいう。
　　②F_c は、コンクリートの設計基準強度（N/mm²）を表す。
　　③異形鉄筋で、鉄筋までのコンクリートかぶりの厚さが鉄筋の径の 1.5 倍未満の場合には、許容付着応力度は、この表の値に $\frac{かぶり厚さ}{鉄筋径の1.5倍}$ を乗じた値とする。

表 2.11 付着割裂の基準となる強度（RC 規準）

	安全性確保のための検討	
	上端筋	その他の鉄筋
普通コンクリート	$0.8\times\left(\frac{F_c}{40}+0.9\right)$	$\frac{F_c}{40}+0.9$
軽量コンクリート	普通コンクリートに対する値の 0.8 倍	

注：①上端筋とは、曲げ材にあってその鉄筋の下に 300 mm 以上のコンクリートが打ち込まれる場合の水平鉄筋をいう。
　　②F_c はコンクリートの設計基準強度（N/mm²）を表す。
　　③多段配筋の一段目（断面外側）以外の鉄筋に対しては、上表の値に 0.6 を乗じる。

2·5 ヤング係数比

図 2.15 に示すような、圧縮軸力を受ける鉄筋コンクリート部材を考える。この部材がひずみ ε を受けている時、コンクリートの応力度 σ_c は、コンクリートのヤング係数 E_c を用いて、

$$\sigma_c = E_c \cdot \varepsilon \quad\cdots\cdots\cdots\cdots\cdots\cdots\cdots\cdots\cdots (2.4)$$

鉄筋の応力度 σ_s は、鉄筋のヤング係数 E_s を用いて、

$$\sigma_s = E_s \cdot \varepsilon \quad\cdots\cdots\cdots\cdots\cdots\cdots\cdots\cdots\cdots (2.5)$$

これより、

$$\sigma_s = \frac{E_s}{E_c} \cdot \sigma_c = n \cdot \sigma_c \quad\cdots\cdots\cdots\cdots\cdots (2.6)$$

となるが、この n をヤング係数比という。ここで、鉄筋の断面積 a_s を、コンクリートの断面積 A_c とすると、

$$
\begin{aligned}
N &= a_s \cdot \sigma_s + A_c \cdot \sigma_c \\
&= n \cdot a_s \cdot \sigma_c + A_c \cdot \sigma_c \\
&= (n \cdot a_s + A_c) \cdot \sigma_c \quad\cdots\cdots\cdots\cdots (2.7)
\end{aligned}
$$

つまり、鉄筋は、コンクリートの n 倍の働きをすることになる。実際の断面計算におけるヤング係数比は、コンクリートの設計基準強度に応じて表 2.12 に示す値とする。この値は、式 2.2 から得られるコンクリートのヤング係数を用いて求めた値に比べて大きい値である。これは、コンクリートのヤング係数がクリープによってみかけ上、小さくなることなどを考慮して、断面計算用に定めた値である。

※1 日本建築学会『鉄筋コンクリート構造計算規準・同解説』 (2018) による。

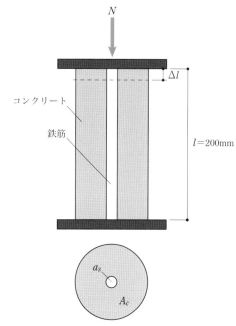

図 2.15　鉄筋コンクリート部材

表 2.12　ヤング係数比（RC 規準）

コンクリート設計基準強度 F_c (N/mm²)	ヤング係数比 n
$F_c \leqq 27$	15
$27 < F_c \leqq 36$	13
$36 < F_c \leqq 48$	11
$48 < F_c \leqq 60$	9

問題 2.1

図 2.15 に示す鉄筋コンクリート部材に対して以下の条件の下で、$N = 10\,\mathrm{kN}$ の時の σ_c、σ_s を求めなさい。

● コンクリート
$$A_c = 1000\,\mathrm{mm^2}、E_c = 2 \times 10^4\,\mathrm{N/mm^2}$$

● 鉄筋
$$a_s = 100\,\mathrm{mm^2}、E_s = 2 \times 10^5\,\mathrm{N/mm^2}$$

3章

3

曲げを受ける部材

3・1 曲げを受ける部材の断面の性質

1　均一材料のひずみ分布と応力度

　図 3.1 のように回転中心から $\dfrac{h}{2}$ だけ離れたところ
に、同じバネ定数 K_0 を持つ 2 本のバネで支えられて
いるシステムの右端に、図に示すように下向きの力
P を加えると、上側のバネは伸び、下のバネは同じ
大きさだけ縮む。この時、上のバネには引張力が働
き、下のバネには同じ大きさの圧縮力が働いている。
右端に加えた力 P により、このシステムは時計回り
に回転しようとする力のモーメント $M = P \cdot l$ が働い
ている。一方、ばねに働く力を N とすると、上下の
バネにより偶力によるモーメント $N \cdot h$ が反時計回
りに働き、これが、加えた力 P による外力のモーメ
ントと釣り合っている。これよりバネに働く力 N は、

$$N = \frac{M}{h} = \frac{P \cdot l}{h} \quad\cdots\cdots\cdots\cdots\cdots\cdots\cdots\cdots\cdots (3.1)$$

となる。次に、図 3.2 のように回転中心から $\dfrac{h}{4}$ の位
置に 2 本の同じバネ定数 K_0 を持つバネを加えてみる。
このシステムに力 P を加えると、2 本のバネの時と
同じように、上側のバネは伸び、下側のバネは縮む。
上側のバネには引張力が働き、下側のバネには圧縮
力が働いている。上半分のバネの部分を拡大してみ
ると、内側のバネは外端のバネに比べ、伸びが $\dfrac{1}{2}$ に
なる。これより、内側のバネには、外側のバネの $\dfrac{1}{2}$
倍の力が作用することになる。外側のバネに働く力
を図 3.2 に示したように N とすると、内側のバネに
働く力は $0.5N$ となる。

　この 2 つのバネの力により回転中心に働くモーメ
ントを求めてみると、外側のバネによる力のモーメ
ントは $N \cdot \dfrac{h}{2}$、内側のバネによる力のモーメントは
$0.5N \cdot \dfrac{h}{4} = N \cdot \dfrac{h}{8}$ となり、内側のバネによるモーメ
ントは外側のバネによる力のモーメントの $\dfrac{1}{4}$ 倍と
いうことになる。

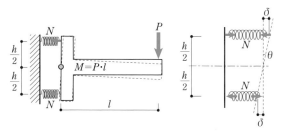

図 3.1　2 本のバネで支えられたシステムの曲げ

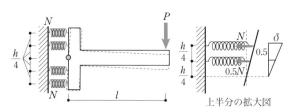

図 3.2　4 本のバネで支えられたシステムの曲げ

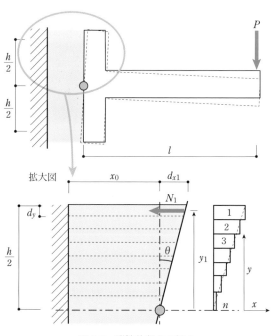

図 3.3　弾性体部分の拡大

力のモーメントとの釣合いより、外側のバネに働く力Nは、

$$N = \frac{P \cdot l}{1.25\,h} \quad\cdots\cdots\cdots\cdots\cdots\cdots\cdots(3.2)$$

となる。式3.1と式3.2を比べると、バネの本数を2倍にした割には、外側のバネに働く力は$\frac{1}{1.25}$倍にしか減少していないことがわかる。

　このバネの部分が、図3.3に示すような均一な弾性体の場合を考えてみよう。上半分の変形状態を拡大して示したように高さdyの薄い層に分割し（最上層を第1層として、中心までn層）、その層の中では図の右に示したように伸びの量が一定と考える。すると、各要素の伸びは、中心からの距離yに比例して伸びることになり、中立軸位置では伸び縮みしないことになる。この層に働く力N_1は、弾性状態では伸び縮み量に比例するため、断面の外側ほど大きな力が働き、中心では力が働かないことになる。

　次に、図3.4に示すように左端が固定され、全体がポリウレタンでできた弾性体の右端に下向きの力を加えた場合、先端が大きく下方に変形する。この弾性体の中に書き加えた格子の線は、もとは水平・鉛直であったものである。水平の線は大きく湾曲しているのに対し、鉛直線は、傾いているが直線を保持している。この鉛直線が直線を保つことを平面保持という。この場合の鉛直線で囲まれた部分については図3.3に示した弾性体部分とまったく同じであり、この区間のひずみ分布は図3.5に示したように直線的に分布していることになる。部材は弾性体なので応力度はひずみとヤング係数の積であり、ヤング係数は一定であるので、応力度の分布も図3.6に示したように直線分布となる。高さ方向に引張と圧縮がそれぞれ三角形分布となり、ある高さでの幅方向の応力度は一定値となる。この時の引張応力度、圧縮応力度の合力を図に示したようにT、Cとすると、

$$T = C = \frac{1}{2}\,\sigma \cdot \frac{h}{2}\,b = \frac{b \cdot h}{4}\,\sigma \quad\cdots\cdots\cdots\cdots\cdots(3.3)$$

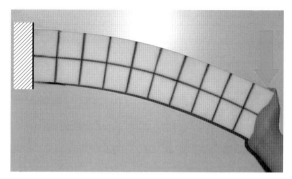

図3.4　弾性体でできた片持ち梁の変形

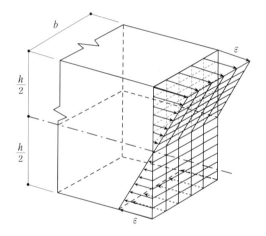

図3.5　曲げを受ける弾性体内のひずみ分布

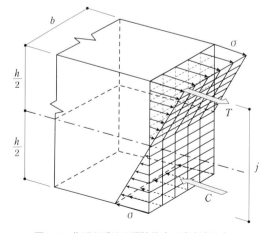

図3.6　曲げを受ける弾性体内の応力度分布

となる。合力の作用する位置は、高さ方向は三角形分布であるので、その重心位置は端から $\frac{1}{3} \times \frac{h}{2} = \frac{h}{6}$ となり、その断面における曲げモーメント M と断面の応力度の関係は、

$$M = T \cdot j = C \cdot j = \frac{b \cdot h}{4} \sigma \cdot \frac{2}{3} h = \frac{b \cdot h^2}{6} \sigma \quad \cdots\cdots (3.4)$$

となり、矩形断面では断面係数 $Z = \frac{b \cdot h^2}{6}$ であるので、

$$\sigma = \frac{M}{Z} \quad \cdots\cdots\cdots\cdots\cdots\cdots\cdots\cdots\cdots\cdots\cdots\cdots (3.5)$$

という一般式が得られる。中立軸から任意の距離 y の位置の応力度 σ_y は、三角形の相似則を使って、I を断面 2 次モーメントとすると、

$$\sigma_y = \frac{\frac{M}{Z}}{\frac{h}{2}} \cdot y = \frac{M}{Z \cdot \frac{h}{2}} \cdot y = \frac{M}{I} \cdot y \quad \cdots\cdots\cdots\cdots\cdots (3.6)$$

となる。

2　複合材料のひずみ分布と応力度

　今度は、図 3.4 に示す部材の上面に少し硬い弾性材料が貼りあわされて一体になって働く、図 3.7 に示すような部材を考える。このように異種材料が一体となって働き、材料間にずれが生じないことを完全付着という。この右端に下向きの力を加えた場合の断面内のひずみ分布は、図 3.8 に示すように平面保持の仮定により直線分布となるが、均一材料でないので、ひずみがゼロとなる中立軸位置は中央とならない。応力度はひずみとヤング係数の積に比例するので、応力度の分布は、同一材料内では直線分布となるが、材料が異なって、ヤング係数が違うと応力度が異なる。いま、上面の材料のヤング係数が下側の材料の 2 倍であるとすると、同じひずみでの応力度は 2 倍となり、応力度分布は図 3.9 に示したようになる。複合材料からなる部材の応力度は、同じひずみに対してヤング係数の比として与えられる。図 3.9 では上面の材料の応力度が 2 倍となっているが、これを図 3.10 に示したように横に 2 倍に拡大し

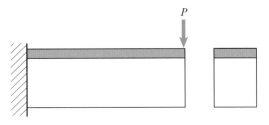

図 3.7　曲げを受ける複合材料断面梁

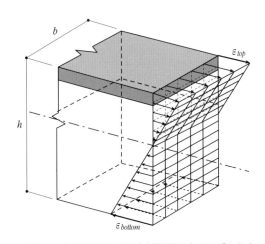

図 3.8　曲げを受ける複合材料断面内のひずみ分布

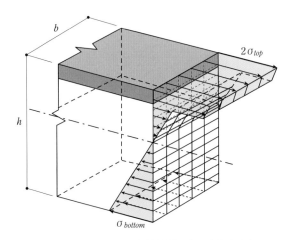

図 3.9　曲げを受ける複合材料断面内の応力度分布

て示しても同じとなる。これは、上面の材料の断面積を2倍にして、下側の材料と同じヤング係数としたこととなり、この2倍した断面積のことを有効断面積と呼ぶ。

図3.9、3.10いずれの場合も、上端の引張応力度が大きいので、断面内の釣合いのため圧縮側の三角形が大きくなる必要がある。このため中立軸は中央より上側に移動することになる。位置は、圧縮応力度の合力と、引張応力度の合力が釣り合うように算定すればよい。実際に算定する場合には、上端から中立軸位置までを仮定し、仮定したひずみの直線分布に応じた応力度の合力の釣り合いから中立軸位置を算定すればよい。

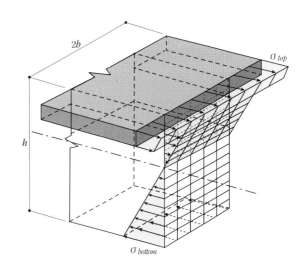

図3.10 有効断面で示した応力度分布

例題 3.1

図3.7に示した曲げを受ける弾性複合材料断面梁の上面の材料の厚さが$\dfrac{h}{4}$、ヤング係数比が2である場合の中立軸の位置を求めなさい。

解

上端から中立軸までの距離をx_nと置き、最下端の応力度をσと置くと、断面内の各位置での応力度は図3.9を参考に中立軸が下側の材料内にあるとして、三角形の相似則を用いて、図3.11に示すようになる。これより断面の応力度の合力は、

下側の圧縮力 $\quad C = \dfrac{\sigma \cdot b\,(h - x_n)}{2}$

上側の引張力① $\quad T_1 = \sigma \cdot b\,\dfrac{x_n^{\,2}}{2\,(h - x_n)}$

上側の引張力② $\quad T_2 = \sigma \cdot b\,\dfrac{h}{8}\left(\dfrac{x_n}{h - x_n} + \dfrac{x_n - \dfrac{h}{4}}{h - x_n}\right)$

$C = T_1 + T_2$であるから、

$$\dfrac{\sigma \cdot b\,(h - x_n)}{2} = \sigma \cdot b\,\dfrac{x_n^{\,2}}{2\,(h - x_n)} + \sigma \cdot b\,\dfrac{h}{8}\left(\dfrac{2x_n - \dfrac{h}{4}}{h - x_n}\right)$$

これより、$x_n = \dfrac{17}{40}h$となり、中立軸が中央より上にあることがわかる。

ここで、求まったx_nが上側の材料内にあった時は、仮定が間違っていたことになるので、中立軸が上側の材料内にあるとして算定しなおす必要がある。

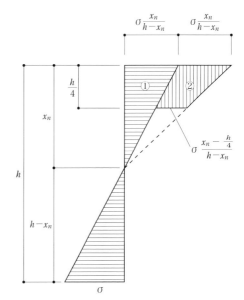

図3.11 断面の応力度分布

問題 3.1

例題 3.1で、上側の材料の厚さが$\dfrac{h}{3}$の時の中立軸位置を算定せよ。

3·2 単筋梁

1 断面に生じる力

　鉄筋コンクリート梁は、コンクリートと鉄筋の複合材料による梁であるが、コンクリートは引張強度が極端に小さい材料である。このため、コンクリートの引張強度を無視して扱い、曲げ解析においては、一般に以下のように仮定して考える。

- ・材軸に直角な断面は、変形後も平面を保ち、材軸に直角（平面保持）
- ・コンクリートの圧縮応力度は、許容応力度以下では弾性とみなし中立軸からの距離に比例
- ・コンクリートの引張強度を無視
- ・鉄筋は降伏強度までは弾性で引張力にも圧縮力にも有効
- ・鉄筋とコンクリートのヤング係数比は、断面算定用として一定値

　この仮定の下での単筋梁のひずみ分布は、図3.12(a) のような下端引張の曲げモーメントを受けると、平面保持により直線分布であるので図3.12(b) のようになり、応力度の分布は、コンクリートの引張応力度が0、鉄筋の引張応力度がコンクリートとのヤング係数比倍となり、図3.12(c) に示すようになる。この断面内の圧縮応力度の合力Cと、引張応力度の合力Tが釣り合うように中立軸の位置を定めればよい。

例題 3.2

　図3.13のように$300 \times 650\,\mathrm{mm}$の断面で、有効せい$d$が$600\,\mathrm{mm}$、鉄筋断面積$a_t$が$1500\,\mathrm{mm}^2$の単筋梁がある。この梁の圧縮側コンクリートの最外端のひずみε_cが0.0005、そこから中立軸までの距離が$200\,\mathrm{mm}$とした時の各部の応力度を算定しなさい。ただし、コンクリートのヤング係数$E_c = 2 \times 10^4\,\mathrm{N/mm}^2$、鉄筋

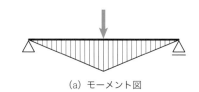

(a) モーメント図

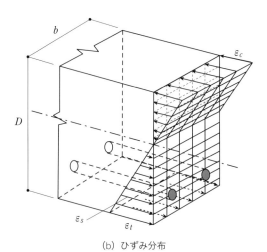

(b) ひずみ分布

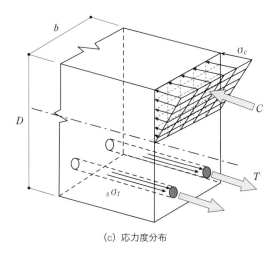

(c) 応力度分布

図3.12　曲げを受ける単筋梁

のヤング係数 $E_s = 2 \times 10^5\,\mathrm{N/mm^2}$ とする。

解

まず、三角形の相似則を用いて鉄筋のひずみ ε_s を求めると、中立軸からの距離が $1:2$ であるので、$\varepsilon_s = 0.001$ となる。

これより鉄筋の応力度は、ひずみにヤング係数を掛けたものとして、$\sigma_s = 0.001 \times 2 \times 10^5 = 200$ $\mathrm{N/mm^2}$ となる。よって、鉄筋に働く引張力 T は、これに断面積 $a_t = 1500\,\mathrm{mm^2}$ を掛けて、$T = 200 \times 1500 = 300000\,\mathrm{N}$ となる。

一方、コンクリートの最外端の応力度 σ_c は、ひずみにヤング係数を掛けたものとして、$\sigma_c = 0.0005 \times 2 \times 10^4 = 10\,\mathrm{N/mm^2}$ となる。よって、コンクリートの圧縮合力 C は、その分布系が三角形であることと、幅 $300\,\mathrm{mm}$ の間に分布していることを考慮して、$C = 10 \times 200 \times \dfrac{300}{2} = 300000\,\mathrm{N}$ となる。

断面内の引張力と圧縮力は釣り合っており、中立軸位置が圧縮端から $200\,\mathrm{mm}$ の位置でよいことになる。もし、ここで両者が釣り合っていなければ、このようなひずみ分布の状態はありえないことになる。

いま、図 3.13 を一般化して、図 3.14 のように梁の幅 b、有効せい d、引張鉄筋の断面積 a_t、圧縮端から中立軸までの距離を x_n と置くと、圧縮端のコンクリートひずみ ε_c と、鉄筋のひずみ ε_s は、それぞれ三角形の相似則を用い、それぞれの応力度はひずみにそれぞれのヤング係数を掛け、ヤング係数比 $n = \dfrac{E_s}{E_c}$ とすると、次のように表せる。

$$\left. \begin{array}{l} \varepsilon_c = \varepsilon_s \dfrac{x_n}{d - x_n} \quad \sigma_c = E_c \cdot \varepsilon_c \quad \varepsilon_s = \varepsilon_c \dfrac{d - x_n}{x_n} \\[2mm] \sigma_s = E_s \cdot \varepsilon_s = n \cdot E_c \cdot \varepsilon_c \dfrac{d - x_n}{x_n} \end{array} \right\} \cdots (3.7)$$

これより、コンクリートに働く圧縮応力度の合力 C と、鉄筋に働く引張応力度の合力 T は、それぞれの応力度が作用する断面積を乗じることにより、次のように求まる。

$$\left. \begin{array}{l} C = \dfrac{\sigma_c \cdot b \cdot x_n}{2} = \dfrac{E_c \cdot \varepsilon_c \cdot b \cdot x_n}{2} \\[3mm] T = \sigma_s \cdot a_t = E_s \cdot \varepsilon_s \cdot a_t = n \cdot E_c \cdot \varepsilon_c \dfrac{d - x_n}{x_n} \cdot a_t \end{array} \right\} \cdots (3.8)$$

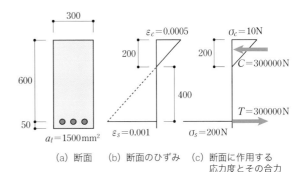

図 3.13　単筋梁の断面の応力度と合力

(a) 断面

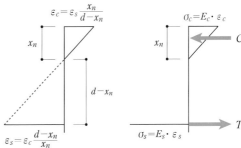

(b) 断面のひずみ　　(c) 断面に作用する応力度とその合力

図 3.14　単筋梁の断面のひずみと応力度

注意

断面に作用するひずみや応力度は、断面に直交方向に作用するため、これを表現するには図 3.12 のように立体的に表現する必要がある。しかし毎回そのように表現するのは大変なので、今後は、図 3.14 のように、断面に作用するひずみや応力度を、断面と直交方向に回転して描くこととする。この場合、奥行き方向に幅 b だけ同じひずみや応力度が連続していることを忘れないでほしい。

断面の力の釣合いより $T = C$ であるので、式3.8 の両者を等しいと置くと、$\dfrac{E_c \cdot \varepsilon_c \cdot b \cdot x_n}{2} = n \cdot E_c \cdot \varepsilon_c$ $\dfrac{d - x_n}{x_n} \cdot a_t$ となり、引張鉄筋比 $p_t = \dfrac{a_t}{b \cdot d}$ と置くと、x_n を求める式として次式を得る。

$$x_n^2 + 2n \cdot p_t \cdot d x_n - 2n \cdot p_t \cdot d^2 = 0 \quad \cdots\cdots\cdots (3.9)$$

これより、

$$x_n = -n \cdot p_t \cdot d \pm \sqrt{(n \cdot p_t \cdot d)^2 + 2\,n \cdot p_t \cdot d^2} \quad \cdots (3.10)$$
$$= d \left(\sqrt{(n \cdot p_t)^2 + 2\,n \cdot p_t} - n \cdot p_t \right)$$

となる。式3.10より、圧縮端から中立までの距離 x_n は、引張鉄筋比 p_t とヤング係数比 n で与えられることになる。C と T の距離 j（応力中心距離）は、

$$j = d - \dfrac{x_n}{3} \cdots\cdots\cdots\cdots\cdots\cdots\cdots\cdots\cdots (3.11)$$

となる。式3.11で与えられる j を d で除して無次元化すると p_t との関係は図3.15に示したようになる。鉄筋比やヤング係数比の変化に鈍感で、おおむね $\dfrac{7}{8} d$ 程度の値になっている。

2　単筋梁の許容曲げモーメント

単筋梁の許容耐力は、引張鉄筋が許容応力度に達するか、圧縮側コンクリートの最外端の応力度が許容応力度に達するかのいずれかである。

鉄筋が先に許容応力度 f_t に達した時を考えると、図3.16に示したように鉄筋の引張力の合力 $T = a_t \cdot f_t$ となり、応力中心距離 $j = d - \dfrac{x_n}{3}$ となるので、許容曲げモーメント M_a は、

$$M_a = T \cdot j = a_t \cdot f_t \left(d - \dfrac{x_n}{3} \right) \cdots\cdots\cdots\cdots\cdots (3.12)$$

となる。これに、引張鉄筋比 $p_t = \dfrac{a_t}{b \cdot d}$ とし、x_n として式3.10を代入すると、

$$M_a = p_t \cdot f_t \left(1 - \dfrac{\sqrt{(n \cdot p_t)^2 + 2\,n \cdot p_t} - n \cdot p_t}{3} \right) b \cdot d^2 \cdots (3.13)$$
$$= K_1 \cdot b \cdot d^2$$

となる。ここで、

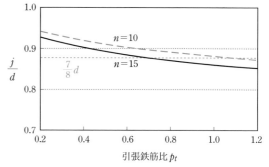

図3.15　鉄筋量と応力中心距離

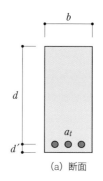

(a) 断面

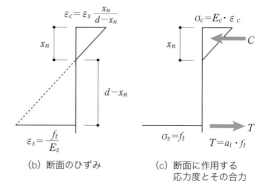

(b) 断面のひずみ　　(c) 断面に作用する
応力度とその合力

図3.16　鉄筋が許容応力度の時の単筋梁断面のひずみと応力度

注意

断面のひずみの算定では、たびたび三角形の相似則が用いられる。もう一度しっかり思い出しておいてほしい。また、応力度の合力位置として、三角形の重心位置も確認しておこう。

$$K_1 = p_t \cdot f_t \left(1 - \frac{\sqrt{(n \cdot p_t)^2 + 2\,n \cdot p_t} - n \cdot p_t}{3} \right) \quad \cdots\cdots (3.14)$$

一方、コンクリートの最外端の応力度が先に許容応力度 f_c に達した時を考えると、図 3.17 に示したようにコンクリートの圧縮力の合力 $C = \frac{f_c \cdot b \cdot x_n}{2}$ となり、許容曲げモーメント M_a は、

$$M_a = C \cdot j = \frac{f_c \cdot b \cdot x_n}{2} \left(d - \frac{x_n}{3} \right) \quad\cdots\cdots\cdots\cdots (3.15)$$

となる。これより、式 3.13 と同様に、

$$M_a = K_2 \cdot b \cdot d^2 \quad\cdots\cdots\cdots\cdots\cdots\cdots\cdots (3.16)$$

$$K_2 = \frac{f_c \left(\sqrt{(n \cdot p_t)^2 + 2\,n \cdot p_t} - n \cdot p_t \right)}{2} \left(1 - \frac{\sqrt{(n \cdot p_t)^2 + 2\,n \cdot p_t} - n \cdot p_t}{3} \right)$$
$$\cdots\cdots\cdots\cdots\cdots\cdots\cdots\cdots (3.17)$$

となる。式 3.13 と式 3.16 をまとめると、

$$M_a = K \cdot b \cdot d^2 \quad\cdots\cdots\cdots\cdots\cdots\cdots\cdots (3.18)$$

ここで、K は、K_1 と K_2 の小さいほうとする。この K を $n = 10$、$f_t = 345\,\text{N/mm}^2$、$f_c = 16\,\text{N/mm}^2$ とした時の p_t との関係を示したのが図 3.18 である。K_1 は p_t に比例して直線状に増大するが、K_2 は放物線状に増大している。また、p_t が小さいところでは K_1 で、大きくなると K_2 で K が決定している。

例題 3.3

図 3.19 に示したように $300 \times 650\,\text{mm}$ の断面で、有効せい d が $600\,\text{mm}$、鉄筋の断面積 a_t が $1500\,\text{mm}^2$、許容引張応力度 $f_t = 300\,\text{N/mm}^2$ の引張鉄筋を有する単筋梁がある。この梁の引張鉄筋が許容引張応力度 f_t に達した時の曲げモーメント M_a を算定しなさい。ただし、鉄筋ヤング係数 $E_s = 2 \times 10^5\,\text{N/mm}^2$、コンクリートのヤング係数 $E_c = 2 \times 10^4\,\text{N/mm}^2$ とし、コンクリートの許容圧縮応力度 $f_c = 16\,\text{N/mm}^2$ とする。

解

引張鉄筋が許容引張応力度 f_t に達した時の曲げモーメント M_a なので、式 3.13 により、

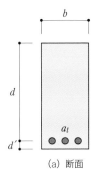

(a) 断面

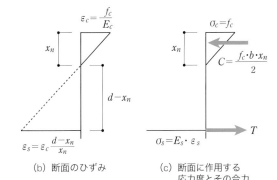

(b) 断面のひずみ　　(c) 断面に作用する
　　　　　　　　　　　応力度とその合力

図 3.17　コンクリートが許容応力度の時の断面のひずみと応力度

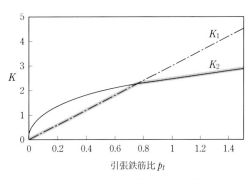

引張鉄筋比 p_t

図 3.18　K と引張鉄筋比 p_t の関係

$a_t = 1500\,\text{mm}^2$
$f_t = 300\,\text{N/mm}^2$

図 3.19　例題 3.3 の断面

$$n = \frac{2 \times 10^5}{2 \times 10^4} = 10$$

$$p_t = \frac{a_t}{b \cdot d} = \frac{1500}{300 \times 600} = 0.00833$$

$$M_a = p_t \cdot f_t \left(1 - \frac{\sqrt{(n \cdot p_t)^2 + 2 n \cdot p_t} - n \cdot p_t}{3}\right) b \cdot d^2$$

$$= 0.00833 \times 300 \times$$

$$\left(1 - \frac{\sqrt{(10 \times 0.00833)^2 + 2 \times 10 \times 0.00833} - 10 \times 0.00833}{3}\right)$$

$$\times 300 \times 600^2$$

$$= 240 \times 10^6 \, \text{Nmm} = 240 \, \text{kNm}$$

となる。

この時の圧縮端から中立までの距離 x_n を式 3.10 により求める。

$$x_n = d \left(\sqrt{(n \cdot p_t)^2 + 2 n \cdot p_t} - n \cdot p_t\right)$$

$$= 600 \sqrt{(10 \times 0.00833)^2 + 2 \times 10 \times 0.00833}$$

$$- 10 \times 0.00833 = 200$$

コンクリートの圧縮応力度は、鉄筋のひずみ ε_s が、

$$\varepsilon_s = \frac{f_t}{E_s} = \frac{300}{2 \times 10^5} = 0.0015$$ であるので、式 3.7 により、

$$\sigma_c = E_c \cdot \varepsilon_c = E_c \cdot \varepsilon_s \frac{x_n}{d - x_n}$$

$$= 2 \times 10^4 \times 0.0015 \times \frac{200}{600 - 200} = 15$$

となり、許容応力度以下となっている（図 3.20）。

ここでもう一度図 3.18 に戻ると、p_t が小さい時には、許容曲げモーメントは鉄筋の許容応力度で決まり、大きい時はコンクリートの許容応力度で決まる。そしてある p_t の時に K_1 と K_2 が一致する。この時は、鉄筋が許容応力度に達すると同時にコンクリートの最外端の応力度が許容応力度に達することになる。この時の p_t を釣合鉄筋比 p_{tb} という（図 3.21）。釣合鉄筋比の時は、$K_1 = K_2$ であるので、式 3.14 と式 3.17 を等値と置くと、最後の括弧の中は両式とも同じなので、$p_t = p_{tb}$ として、

$$p_{tb} \cdot f_t = \frac{f_c \left(\sqrt{(n \cdot p_{tb})^2 + 2 n \cdot p_{tb}} - n \cdot p_{tb}\right)}{2} \quad \cdots\cdots (3.19)$$

となる。これを展開すると、

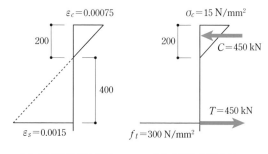

(b) 断面のひずみ分布 　(c) 断面に作用する応力度とその合力

図 3.20　例題のひずみ、応力度と合力

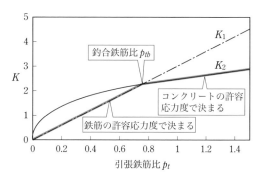

図 3.21　K と引張鉄筋比 p_t の関係

問題 3.2

例題 3.3 で式 3.13 を用いないで、圧縮側のコンクリートの応力度を x_n の関数と置き、$C = T$ の関係からモーメント M_a を算定しなさい。

問題 3.3

例題 3.3 で鉄筋の断面積 a_t が $2500 \, \text{mm}^2$ の時の許容曲げモーメント M_a を算定しなさい。

$$2p_{tb} \cdot \frac{f_t}{f_c} = \sqrt{(n \cdot p_{tb})^2 + 2\,n \cdot p_{tb}} - n \cdot p_{tb}$$

$n \cdot p_{tb}$ を左に移行して 2 乗すると、

$$\left(2\,p_{tb} \cdot \frac{f_t}{f_c} + n \cdot p_{tb}\right)^2 = (n \cdot p_{tb})^2 + 2\,n \cdot p_{tb}$$

となる。これを展開して整理すると、

$$p_{tb} \cdot 2\frac{f_t}{f_c}\left(1 + \frac{f_t}{n \cdot f_c}\right) = 1$$

これより、

$$p_{tb} = \frac{1}{2\dfrac{f_t}{f_c}\left(1 + \dfrac{f_t}{n \cdot f_c}\right)} \quad\cdots\cdots\cdots\cdots\cdots\cdots (3.20)$$

が得られる。式 3.20 を $n = 10$、15 の場合について図
3.22 (a) に示した。$\dfrac{f_t}{f_c}$ が大きくなると双曲線的に釣
合鉄筋比は低下する。これを逆数で示したのが図
3.22 (b) であり、鉄筋の許容応力度が同じであれば、
コンクリートの許容応力度にほぼ比例して釣合鉄筋
比が増大することがわかる。

部材を構成する材料が決まり、許容応力度とヤン
グ係数比が定まれば、引張鉄筋比 p_t が式 3.20 で求ま
る釣合鉄筋比 p_{tb} 以下の場合には、部材の許容曲げモ
ーメントは鉄筋の許容応力度による式 3.13 で決ま
ることになる。この時、図 3.21 に示すように、K_1 は
p_t に比例して直線的に増大し、許容曲げモーメント
は鉄筋量に比例することになる。

許容曲げモーメントが鉄筋で決まる場合は、式
3.12 に示すように $M_a = T \cdot j = a_t \cdot f_t \cdot j$ で与えられ、
応力中心距離 j は図 3.15 に示したようにほぼ一定で、
$j = \dfrac{7}{8}d$ で与えられる。これより、許容曲げモーメ
ントの略算式として次式を得る。

$$M_a = T \cdot j = a_t \cdot f_t \cdot j = a_t \cdot f_t \cdot \frac{7}{8}d \quad\cdots\cdots\cdots\cdots (3.21)$$

鉄筋コンクリートを構成する部材の材料は、図
3.23 (a) に示したように、コンクリートは許容応力度
を超えて破壊するまでの変形能力に乏しいが（脆性
的）、鉄筋は、図 3.23 (b) に示すように許容応力度を
超えて降伏しても、その 100 倍程度のひずみまで破

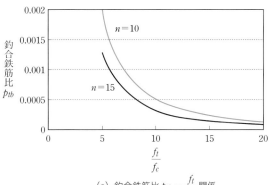

(a) 釣合鉄筋比 $p_{tb} - \dfrac{f_t}{f_c}$ 関係

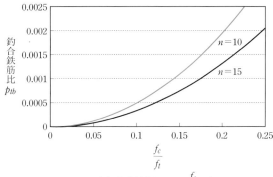

(b) 釣合鉄筋比 $p_{tb} - \dfrac{f_c}{f_t}$ 関係

図 3.22　釣合鉄筋比 p_{tb}

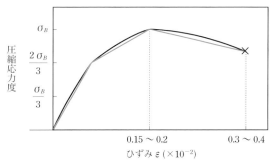

(a) コンクリートの応力度－ひずみ曲線

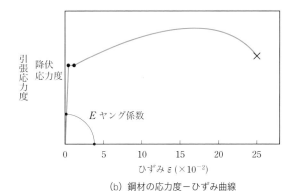

(b) 鋼材の応力度－ひずみ曲線

図 3.23　材料の応力度－ひずみ曲線

断しない（靭性的）。地震などのようにその大きさが不確かな外力に対して、構造体が破壊しないためには、許容モーメントを超える力が作用した時、すぐに破断するのではなく、靭性的な挙動を示すことが望まれる。そのためには、部材の許容曲げモーメントは鉄筋で決まるようにするのが良く、鉄筋量を釣合鉄筋比以下とすることが望まれる。その場合には、部材の許容曲げモーメントは式3.21で求めることが可能であり、設計が簡易になる。

例題 3.4

例題 3.3 を略算式 3.21 で求めてみる。

解

式 3.21 により、

$$M_a = a_t \cdot f_t \cdot \frac{7}{8}d$$
$$= 1500 \times 300 \times \frac{7}{8} \times 600$$
$$= 236 \times 10^6 \, \text{Nmm} = 236 \, \text{kNm}$$

となる。

例題 3.3 と 3.4 で値がほとんど変わらないことがわかる。

3　単筋梁の終局曲げモーメント

図 3.23 に示したように、鉄筋は変形能力が大きく、許容応力度を超えても降伏応力度を保持するが、コンクリートは、許容応力度を超えると、強度は上昇するが、ひずみがおよそ 0.3% に達すると破壊して終局を迎える。鉄筋コンクリート部材の曲げにおいては、コンクリートの最大圧縮ひずみが 0.3% に達した時を終局曲げモーメントとする。この時の断面のひずみ分布は許容曲げモーメント時と同じように図 3.24（b）に示すようになる。この時、圧縮端のひずみは 0.003 である。この時のコンクリートの応力度分布は、弾性でないので直線分布にはならず、図 3.23（a）の応力度−ひずみ関係を 90°回転させた図 3.24（c）の圧縮応力度の形となる。一方、鉄筋のひずみはコンクリート最外端のひずみ 0.003 から、三角

問題 3.4

問題 3.3 の許容曲げモーメント M_a を略算式 3.21 で求め、値を比較しなさい。

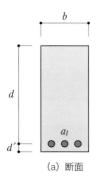

(a) 断面

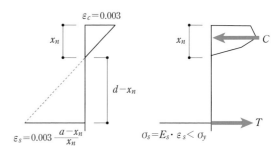

(b) ひずみ分布 　　(c) 応力度分布とその合力

図 3.24　単筋梁の終局時の断面のひずみと応力度

形の相似則により図3.24 (b) のように求まる。この
ひずみが降伏ひずみ ε_y 以下であれば、鉄筋の応力度
はひずみ×ヤング係数で求まり、降伏ひずみを超え
ていれば、降伏応力度 σ_y で一定となる。これらの合
力 C と T の釣合いから、圧縮端から中立までの距離
x_n を求めればよい。

　直線でないコンクリートの応力度分布から合力を
求めることは煩雑なので、応力度分布を図3.25に示
したように、応力度が 0.85 σ_B、外端からの高さが
$k_1 \cdot x_n$ の矩形分布に置き換える（これをストレスブロ
ックと呼ぶ）。k_1 は、コンクリート強度で決まる定
数であり、普通強度（$\sigma_B = 24\,\text{N/mm}^2$ 程度）のコン
クリートでは 0.85 とする。このように仮定すると
コンクリートの圧縮力の合力 $C = 0.85\,\sigma_B \cdot b \cdot k_1 \cdot x_n$
で与えられる。

　いま、鉄筋が降伏強度 σ_y で降伏していると仮定す
ると、鉄筋の引張力は $T = a_t \cdot \sigma_y$ で与えられるので、
断面の力の釣合いより $T = a_t \cdot \sigma_y = 0.85\,\sigma_B \cdot b \cdot k_1 \cdot x_n = C$ となるので、

$$k_1 \cdot x_n = \frac{a_t \cdot \sigma_y}{0.85\,\sigma_B \cdot b} \quad\cdots\cdots\cdots\cdots\cdots\cdots\cdots (3.22)$$

となり、圧縮端から中立軸までの距離 x_n が容易に求
まる。この時の終局曲げモーメント M_u は、

$$M_u = T \cdot j = a_t \cdot \sigma_y \left(d - \frac{k_1 \cdot x_n}{2} \right)$$
$$= a_t \cdot \sigma_y \left(d - 0.59\,\frac{a_t \cdot \sigma_y}{\sigma_B \cdot b} \right) \quad\cdots\cdots\cdots\cdots (3.23)$$

となる。

例題 3.5

　例題 3.3 に示した断面（図3.26）の単筋梁の終局曲
げモーメント M_u を算定しなさい。ただし、鉄筋の
降伏強度 $\sigma_y = 300\,\text{N/mm}^2$、ヤング係数 $E_s = 2 \times 10^5$
N/mm^2、コンクリートの圧縮強度 $\sigma_B = 24\,\text{N/mm}^2$ と
する。

解

　式 3.23 により、

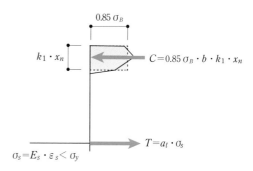

図 3.25　単純化した断面の応力度

注意

　アメリカの ACI 規準ではこの k_1 をコンクリート強
度に応じて次のように定めている。

$k_1 = 0.85$ 　　　　　$\sigma_B \leqq 28\,\text{N/mm}^2$

k_1：線形補間 　　$28 < \sigma_B < 56\,\text{N/mm}^2$

$k_1 = 0.65$ 　　　　　$\sigma_B > 56\,\text{N/mm}^2$

　　　　　（psi 単位を SI 単位に換算した）

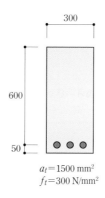

$a_t = 1500\,\text{mm}^2$
$f_t = 300\,\text{N/mm}^2$

図 3.26　例題 3.5 の断面

$$M_u = a_t \cdot \sigma_y \left(d - 0.59 \frac{a_t \cdot \sigma_y}{\sigma_B \cdot b} \right)$$

$$= 1500 \times 300 \left(600 - 0.59 \frac{1500 \times 300}{24 \times 300} \right)$$

$$= 253 \times 10^6 \, \text{Nmm} = 253 \, \text{kNm}$$

となる。例題 3.3 に比べ 5% 程度の増大となっている。

この時の圧縮端から中立までの距離 x_n を式 3.22 により求める。$k_1 = 0.85$ とすると、

$$x_n = \frac{a_t \cdot \sigma_y}{0.85 \, k_1 \cdot \sigma_B \cdot b}$$

$$= \frac{1500 \times 300}{0.85 \times 0.85 \times 24 \times 300} = 86.5 \, \text{mm}$$

これより鉄筋のひずみ ε_s は、三角形の相似則を用いて、

$$\varepsilon_s = 0.003 \times \frac{600 - 86.5}{86.5} = 0.0178$$

となり、鉄筋の降伏ひずみ $\varepsilon_y = \frac{300}{2 \times 10^5} = 0.0015$ を超えており、降伏していることがわかる（鉄筋が降伏しているという仮定を満足している）。断面の応力度とひずみの関係は図 3.27 に示したようになる。

もし、求めた鉄筋のひずみが降伏ひずみより小さかった場合には、式 3.23 により終局曲げモーメントを算定することはできない。この時は、図 3.28 に示すように三角形の相似則を用いて、鉄筋のひずみが次式で与えられる。

$$\varepsilon_s = 0.003 \times \frac{d - x_n}{x_n} \quad \cdots\cdots\cdots\cdots\cdots (3.24)$$

この時の鉄筋の応力度は、$\sigma_s = E_s \cdot \varepsilon_s = 0.003 E_s \frac{d - x_n}{x_n}$ となるので、鉄筋の引張力 $T = a_t \cdot \sigma_s = 0.003 \frac{d - x_n}{x_n} E_s \cdot a_t$ となり、コンクリートの圧縮力 $C = 0.85 \sigma_B \cdot b \cdot k_1 \cdot x_n$ との釣合いより、$0.85 \sigma_B \cdot b \cdot k_1 \cdot x_n = 0.003 \frac{d - x_n}{x_n} E_s \cdot a_t$ となる。これより、$0.85 k_1 \cdot \sigma_B \cdot b \cdot x_n^2 + 0.003 E_s \cdot a_t \cdot x_n - 0.003 E_s \cdot a_t \cdot d = 0$ となる。これを x_n について解くと、圧縮端から中立軸までの距離 x_n が求まる。この時の終局曲げモーメント M_u は、

$$M_u = 0.85 \sigma_B \cdot b \cdot k_1 \cdot x_n \left(d - \frac{k_1 \cdot x_n}{2} \right) \quad \cdots\cdots (3.25)$$

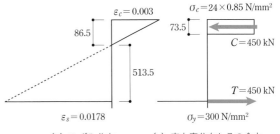

（b）ひずみ分布　（c）応力度分布とその合力

図 3.27　例題 3.5 のひずみ、応力度と合力

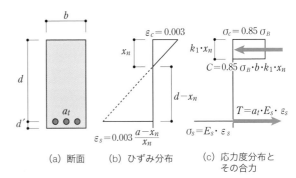

（a）断面　　（b）ひずみ分布　　（c）応力度分布とその合力

図 3.28　鉄筋が降伏しない時の断面のひずみと応力度

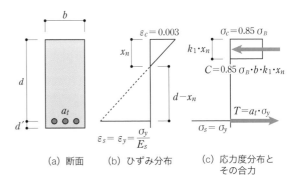

（a）断面　　（b）ひずみ分布　　（c）応力度分布とその合力

図 3.29　釣合鉄筋比の時の断面のひずみ分布と応力度分布

問題 3.5

例題 3.5 で鉄筋の断面積 a_t が $7500 \, \text{mm}^2$ の時の終局曲げモーメント M_u を算定しなさい。ただし、$k_1 = 0.85$ とする。

となる。

部材の終局曲げモーメントは、式 3.23、3.25 の両者から求まる値のうち小さいほうとなる。

式 3.23、3.25 の両者が一致する時は、鉄筋が降伏強度に達すると同時にコンクリートの最外端の応力度が終局強度に達することになる。この時の引張鉄筋比 p を、許容曲げモーメントの時と同様に釣合鉄筋比という。許容曲げモーメントの時の釣合鉄筋比と区別するため、ここでは p_{tbu} と表す。この時の断面のひずみ分布は、図 3.29 に示したように圧縮端で 0.003、引張鉄筋位置で $\varepsilon_y = \dfrac{\sigma_y}{E_s}$ であり、これより三角形の相似則を用いて圧縮端から中立軸位置までの距離 x_n を次式で求めることができる。

$$x_n = \frac{0.003}{0.003 + \varepsilon_y} d \quad \cdots\cdots\cdots\cdots\cdots (3.26)$$

この時の鉄筋の応力度は、$\sigma_s = \sigma_y$ であるので、鉄筋の引張力の合力 $T = a_t \cdot \sigma_y$ となり、コンクリートの圧縮力 $C = 0.85\,\sigma_B \cdot b \cdot k_1 \cdot x_n$ との釣合いより、$0.85\,\sigma_B \cdot b \cdot k_1 \cdot x_n = a_t \cdot \sigma_y$ となる。これより、

$$a_t = \frac{0.85\,\sigma_B \cdot b \cdot k_1 \cdot x_n}{\sigma_y} \quad \cdots\cdots\cdots\cdots\cdots (3.27)$$

が得られる。これに、式 3.26 を代入し、$p_{tbu} = \dfrac{a_t}{b \cdot d}$ として、

$$p_{tbu} = \frac{0.85\,\sigma_B \cdot k_1}{\sigma_y} \times \frac{0.003}{0.003 + \varepsilon_y} \quad \cdots\cdots\cdots (3.28)$$

となる。式 3.28 を $\varepsilon_y = 0.0015$、0.002、0.003 の場合について図 3.30 に示した。鉄筋の降伏強度が同じであれば、コンクリートの圧縮強度に比例して釣合鉄筋比が増大することがわかる。図 3.22 と比べると、終局時の釣合鉄筋比はおおむね 2% 以上となり、かなり大きな値となっている。

釣合鉄筋比以下の時には、終局曲げモーメントは鉄筋の引張力の合力 T と応力中心距離 j との積で求めることができる。図 3.31 に式 3.22 から $j = d - \left(k_1 \cdot \dfrac{x_n}{2}\right)$ で求めた応力中心距離 j と引張鉄筋比 p_t の関係を示した。応力中心距離 j は引張鉄筋比 p_t の増大に比例して減少しているが、鉄筋比が 1%

以下の場合は、おおむね 0.9 以上の値となっている。これより、終局曲げモーメント M_u の略算式として次式を得る。

$$M_u = a_t \cdot \sigma_y \cdot j = a_t \cdot \sigma_y \cdot 0.9d \quad \cdots\cdots\cdots\cdots (3.29)$$

例題 3.6

例題 3.5 を略算式 3.29 で求めてみる。

解

式 3.29 により、

$M_u = a_t \cdot \sigma_y \cdot 0.9d$

$\quad = 1500 \times 300 \times 0.9 \times 600$

$\quad = 243 \times 10^6\,\mathrm{Nmm} = 243\,\mathrm{kNm}$

となる。

鉄筋比が 0.83%、$\dfrac{\sigma_y}{\sigma_B} = 12.5$ であり、図 3.31 によると応力中心距離 j は $0.9d$ より大きいので、例題 3.5 に比べややい小さい値となっている。

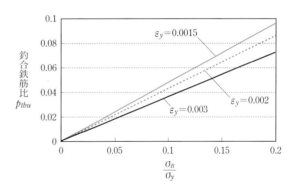

図 3.30　釣合鉄筋比 p_{tbu}

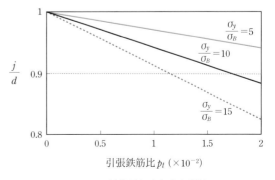

図 3.31　鉄筋量と応力中心距離

RC 部材の断面内のひずみ分布や応力度分布、その合力による力のモーメントの算定で複雑な式がいろいろ出てきて、部材に作用する曲げモーメントとの関係が混乱しているかもしれない。これは以下のように考えると理解しやすいと思う。

図 1 に示した長さ l の片持ち梁の b 点に集中荷重を受けると、固定端である a 点には力のモーメント反力 $M = P \cdot l$ が生じる。固定端の条件は、水平鉛直変形と回転の固定なので、これを図 2 のように j だけ離れた c、d 点でローラーとピンに支持された静定構造に置き換えてみる。

この静定構造において、鉛直方向の力の釣合いから、ピン支持点の鉛直反力 Q は $-P$ となる。一方、水平方向反力を求めるため、d 点の力のモーメントの釣合いを考えると、$P \cdot l - T \cdot j = 0$ より、$T = \dfrac{P \cdot l}{j}$ となる。水平方向の力の釣合いから d 点の水平反力 $C = T = \dfrac{P \cdot l}{j}$ となるが、c 点の力のモーメントの釣合いからも、$C = \dfrac{P \cdot l}{j}$ となる。この静定構造を鉄筋コンクリート梁と見なし、T を鉄筋の引張力の合力、C をコンクリートに生じる圧縮力の合力とすれば、端部の断面に生じる曲げモーメント $M = P \cdot l$ に対して、鉄筋とコンクリートによる力のモーメントで抵抗していることになる。この静定構造が支持できる耐力は、支持点である c、d 点に生じる反力の許容耐力で決まることになるの

で、鉄筋コンクリート梁と見なすと、鉄筋の許容引張力かコンクリートの許容圧縮力のどちらか小さいほうで決まることになり、その時の力のモーメントが許容曲げモーメントとなる。いまは片持ち梁として考えているので、固定端の曲げモーメントが最大であり、支点反力として想定したが、一般的には、曲げモーメントが最大となる断面で考えるとよい。

この静定梁には、水平方向の力が作用していない。そこで材軸を図 3 のように圧縮側にずらしても、反力の T と C は変わらない。たとえば、d 点の力のモーメントの釣合いを考えると、$P \cdot l - T \cdot j = 0$ より、$T = \dfrac{P \cdot l}{j}$ となる。すなわち、T と C は偶力のモーメントとなっている。

これはちょうど釘抜きに似ている（図 4）。先端に力を加えて釘を抜こうとしている時の状況を考えると、加える力×距離が作用する力のモーメント、釘を抜く力が鉄筋に働く引張力で、支点の反力がコンクリートの圧縮力となる。最大の力は、釘が抜ける（鉄筋の引張耐力）時であり、その時のモーメントは引張耐力に応力中心距離 j を掛けたものとなる。これが、鉄筋コンクリート梁の曲げ耐力の略算式となっている。もちろん、鉄筋の引張耐力に達する前に、支点であるコンクリートが壊れてしまってはだめなので、その条件として釣合い鉄筋比以下であることが必要である。

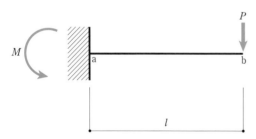

図 1　片持ち梁に作用する力と反力のモーメント

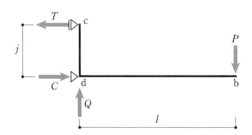

図 3　静定構造に置換した片持ち梁に作用する力と反力 (2)

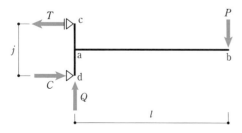

図 2　静定構造に置換した片持ち梁に作用する力と反力 (1)

図 4　釘抜きの力の釣合い

<table>
<tr><td>

3·3 複筋梁

</td></tr>
</table>

1 複筋梁の断面に作用する力

次に、図 3.32 に示した圧縮側にも鉄筋を有する複筋梁を考える。ここで記号を整理しておくと、

D：梁せい

d：梁の有効せいで、圧縮縁から引張側鉄筋の重心までの距離

a_t：引張側鉄筋断面積

a_c：圧縮側鉄筋断面積

$d_c{}'$：圧縮縁から圧縮側鉄筋の重心までの距離

d'：引張縁から引張側鉄筋の重心までの距離

とする。

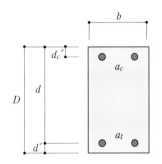

図 3.32 複筋梁の断面

鉄筋コンクリート複筋梁においても、曲げ解析においては平面保持を仮定して考えるので、単筋梁のひずみ分布は平面保持により直線分布となる。圧縮縁から中立軸までの距離を x_n とすると、図 3.33 (a) のようになる。圧縮端のコンクリートのひずみが ε_c、圧縮鉄筋のひずみが $_s\varepsilon_c$、引張鉄筋のひずみが $_s\varepsilon_t$ となる。応力度の分布は図 3.33 (b) に示すようになり、コンクリートの応力度は圧縮端で $_c\sigma_c$ の三角形分布となる。鉄筋の応力度は、圧縮鉄筋の応力度を $_s\sigma_c$、引張鉄筋の応力度を $_s\sigma_t$ とし、コンクリートと鉄筋のヤング係数比 n として、三角形の相似則を用いて図 3.34 (a) のように定めることができる。この断面内のコンクリートの圧縮応力度の合力 C_c と圧縮鉄筋の合力 C_s との和 $C = C_c + C_s$ と、引張鉄筋の応力度の合力 T が釣り合うように中立軸位置を定めればよい。圧縮鉄筋とコンクリートの断面の重なりを無視すれば、引張鉄筋比 $p_t = \dfrac{a_t}{b \cdot d}$、圧縮鉄筋比 $p_c = \dfrac{a_c}{b \cdot d}$ とすると、断面内の圧縮力 C と引張力 T は図 3.34 (b) に示すようになり、次式で与えられる。

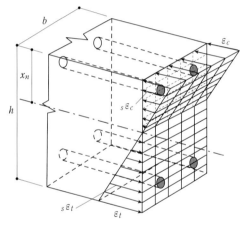

(a) ひずみ分布

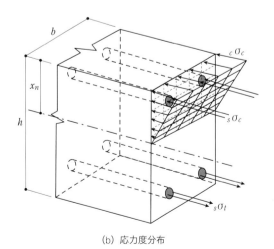

(b) 応力度分布

図 3.33 曲げを受ける複筋梁

$$C = C_c + C_s$$
$$= \frac{{}_c\sigma_c \cdot x_n \cdot b}{2} + n\frac{x_n - d_c'}{x_n}{}_c\sigma_c \cdot p_c \cdot b \cdot d \cdots\cdots (3.30)$$

$$T = \frac{d - x_n}{x_n}\sigma_c \cdot p_t \cdot b \cdot d \cdots\cdots\cdots\cdots\cdots (3.31)$$

複筋比 $\gamma = \dfrac{a_c}{a_t}$、$x_{n1} = \dfrac{x_n}{d}$、$d_{c1} = \dfrac{d_c'}{d}$ とすると、$C = T$ より、

$$x_{n1}{}^2 + 2n \cdot p_t(1 + \gamma)x_{n1} - 2n \cdot p_t(1 + \gamma \cdot d_{c1}) = 0 \cdots (3.32)$$

これより、

$$x_{n1} = n \cdot p_t \left\{ \sqrt{(1 + \gamma)^2 + \frac{2}{n \cdot p_t}(1 + \gamma \cdot d_{c1})} - (1 + \gamma) \right\}$$
$$\cdots\cdots\cdots\cdots\cdots\cdots\cdots (3.33)$$

また、引張鉄筋位置での圧縮合力によるモーメント $C \cdot j$ は、圧縮鉄筋によるモーメントとコンクリートによるモーメントの和に等しいので、

$$C \cdot j = C_c\left(d - \frac{x_n}{3}\right) + C_s(d - d_c')$$
$$= \frac{\sigma_c \cdot x_n \cdot b}{2}\left(d - \frac{x_n}{3}\right) + n\frac{x_n - d_c'}{x_n}\sigma_c \cdot p_c \cdot b \cdot d(d - d_c')$$
$$\cdots\cdots\cdots\cdots\cdots\cdots (3.34)$$

これが $T \cdot j$ と等しくなるので、式 3.31 を用いて整理すると、応力中心距離 j は次のようになる。

$$j = \frac{d}{3(1 - x_{n1})}\left\{(1 - x_{n1})(3 - x_{n1}) + \gamma(x_{n1} - d_{c1})(x_{n1} - 3d_{c1})\right\}$$
$$\cdots\cdots\cdots\cdots\cdots\cdots (3.35)$$

中立軸比 x_{n1} は、式 3.33 に示すように鉄筋比、複筋比、ヤング係数比の関数であり、応力中心距離 j は式 3.35 より、中立軸比と複筋比の関数として与えられることがわかる。図 3.35 に $n = 15$、$d_{c1} = 0.1$、$\gamma = 0$、0.5、1.0 の場合の p_t と $\dfrac{j}{d}$ の関係を示す。j は鉄筋比、複筋比の鈍感で、おおむね $\dfrac{7}{8}d$ 程度である。

2 複筋梁の許容曲げモーメント

鉄筋コンクリート複筋梁の許容曲げモーメントは、鉄筋とコンクリートに生じるどこかの応力度が、最初に許容応力度に達した時の断面内での応力度の合

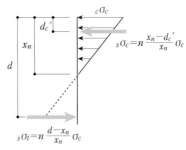

(a) 断面の応力度分布状態

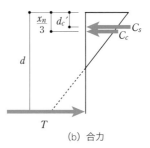

(b) 合力

図 3.34 複筋梁断面の応力度分布状態

問題 3.6

式 3.34 から、式 3.35 を導きなさい。
(この時、式 3.32 を利用して、x_{n1} の 2 次に関する項を消去するとよい。)

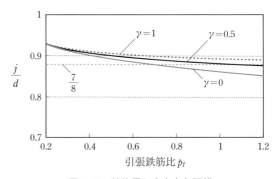

図 3.35 鉄筋量と応力中心距離

力による力のモーメントとなる。いま、断面内の応力度が、許容応力度と比べてどのような状態にあるかで、次の3つの場合が考えられる（図3.36）。

①引張側鉄筋の応力度 $_s\sigma_t$ が圧縮側コンクリートより先に許容応力度 f_t に達する（図3.36(a)）。

②引張側鉄筋の応力度 $_s\sigma_t$ と圧縮側コンクリートの端部の応力度 $_c\sigma_c$ が同時に許容応力度に達する。

③圧縮側コンクリートの端部の応力度 $_c\sigma_c$ が、鉄筋より先に許容圧縮応力度 f_c に達する（図3.36(b)）。

一般の断面では、圧縮鉄筋が一番最初に許容応力度に達することは考えなくてよい。

この時の断面内での応力度の合力による力のモーメントは、単筋梁と同様に応力中心距離を j とするとモーメント $M = C\cdot j = T\cdot j$ で与えられる。この断面内での応力度の合力による力のモーメントが許容曲げモーメントとなる。よって、

①②の場合は、$T = a_t\cdot f_t$ であるので、

$$M_a = T\cdot j = a_t\cdot f_t\cdot j = p_t\cdot b\cdot d\cdot f_t\cdot j \cdots\cdots\cdots (3.36)$$

②③の場合には、

$$M_a = C\cdot j = \left(\frac{f_c\cdot b\cdot x_n}{2} + a_c\cdot{}_s\sigma_c\right)\cdot j$$

$$= T\cdot j = n\cdot f_c\frac{d-x_n}{x_n}p_t\cdot b\cdot d\cdot j \cdots\cdots\cdots (3.37)$$

これに式3.35を代入すると許容曲げモーメントは以下のようになる。

①鉄筋で決まる場合は、式3.36に式3.35を代入して、

$$M_a = \frac{p_t\cdot f_t}{3(1-x_{n1})}\{(1-x_{n1})(3-x_{n1}) + \gamma(x_{n1}-d_{c1})(x_{n1}-3d_{c1})\}\cdot b\cdot d^2$$

$$= K_1\cdot b\cdot d^2 \cdots\cdots\cdots\cdots\cdots\cdots\cdots\cdots (3.38)$$

②コンクリートで決まる場合は、式3.37に式3.35を代入して、

$$M_a = \frac{n\cdot p_t\cdot f_c}{3x_{n1}}\{(1-x_{n1})(3-x_{n1}) + \gamma(x_{n1}-d_{c1})(x_{n1}-3d_{c1})\}\cdot b\cdot d^2$$

$$= K_2\cdot b\cdot d^2 \cdots\cdots\cdots\cdots\cdots\cdots\cdots (3.39)$$

式3.38、3.39の小さいほうが、梁の許容曲げモーメントとなる。これらは、単筋梁の時の図3.18と同様なグラフとなる。

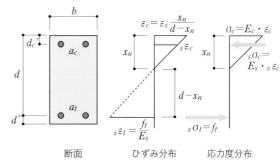

(a) 引張鉄筋が許容引張応力度の時

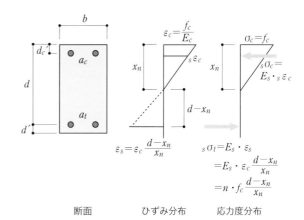

(b) コンクリート圧縮縁が許容圧縮応力度の時

図3.36　複筋梁の断面のひずみと応力度

> **注意**
>
> 　圧縮側の合力を求める時に、鉄筋の圧縮力は鉄筋の応力度に鉄筋の断面を掛ければよいが、コンクリートの場合には、鉄筋の部分の断面積を除いて考える必要がある。ここでは、それを無視して考えているので、精算値とは違うことに注意してほしい。

式 3.38、3.39 が一致する時は、引張側鉄筋の応力度 $_s\sigma_t$ と圧縮側コンクリートの端部の応力度 $_c\sigma_c$ が同時に許容応力度に達する時であり、その時の鉄筋比が釣合鉄筋比 p_{tb} となる。釣合鉄筋比 p_{tb} は、式 3.38、3.39 の右辺を等しいとすることにより求まり、次式で与えられる。

$$p_{tb} = \frac{1}{2\left(1+\dfrac{f_t}{n \cdot f_c}\right)\left\{\dfrac{f_t}{f_c}\left(1+\gamma \cdot d_{c1}\right) - n \cdot \gamma\left(1-d_{c1}\right)\right\}}$$
$$\cdots\cdots\cdots\cdots\cdots (3.40)$$

釣合鉄筋比は、f_c、f_t、γ の関数として与えられることになる。$n = 15$、$d_{c1} = 0.1$ の時の p_{tb} と $\dfrac{f_c}{f_t}$ の関係を示したのが、図 3.37 である。

梁の断面の引張鉄筋が釣合鉄筋比以下の場合には、許容曲げモーメントは、必ず鉄筋の許容応力度で定まり、式 3.38 で求まる。図 3.35 に戻ると、j を一定値とみなすことができ、$0.85d \sim 0.9d$ であるので、単筋梁と同様に $\dfrac{7}{8}d$ と見なすことができる。これより、許容曲げモーメントの近似式として、単筋梁と同じ式 3.21 を用いることができる。

$$M_a = T \cdot j = a_t \cdot f_t \cdot j = a_t \cdot f_t \cdot \frac{7}{8}d \quad \cdots\cdots (3.21 \text{、再掲})$$

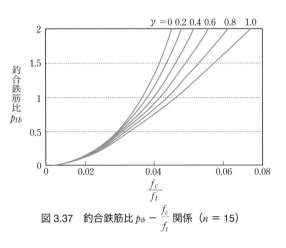

図 3.37 釣合鉄筋比 $p_{tb} - \dfrac{f_c}{f_t}$ 関係 ($n = 15$)

例題 3.7

図 3.38 に示したように $300 \times 650\,\text{mm}$ の断面で、有効せい d が $600\,\text{mm}$、d_c が $50\,\text{mm}$、引張鉄筋の断面積 a_t が $1500\,\text{mm}^2$、圧縮鉄筋の断面積 a_c が $500\,\text{mm}^2$、許容引張応力度 $f_t = 300\,\text{N/mm}^2$ の鉄筋を有する複筋梁がある。この梁の引張鉄筋が許容引張応力度 f_t に達した時の許容曲げモーメント M_a を算定しなさい。ただし、鉄筋のヤング係数 $E_s = 2 \times 10^5\,\text{N/mm}^2$、コンクリートのヤング係数 $E_c = 2 \times 10^4\,\text{N/mm}^2$ とし、コンクリートの許容圧縮応力度 $f_c = 16\,\text{N/mm}^2$ とする。

解

$$n = \frac{2 \times 10^5}{2 \times 10^4} = 10$$

$$d_{c1} = \frac{50}{600} = 0.0833$$

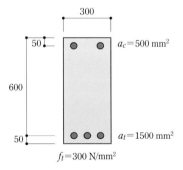

図 3.38 例題 3.7 の断面

$$p_t = \frac{a_t}{b \cdot d} = \frac{1500}{300 \times 600} = 0.00833$$

$$\gamma = \frac{500}{1500} = 0.333$$

$$x_{n1} = n \cdot p_t \left\{ \sqrt{(1+\gamma)^2 + \frac{2}{n \cdot p_t}(1 + \gamma \cdot d_{c1})} - (1+\gamma) \right\}$$

$$= 10 \times 0.00833 \times$$

$$\left\{ \sqrt{(1+0.333)^2 + \frac{2}{10 \times 0.00833}(1+0.333 \times 0.0833)} - (1+0.333) \right\}$$

$$= 0.323$$

$$j = \frac{d}{3(1-x_{n1})} \{ (1-x_{n1})(3-x_{n1}) + \gamma(x_{n1}-d_{c1})(x_{n1}-3\,d_{c1}) \}$$

$$= \frac{600}{3(1-0.323)} \times \{ (1-0.323)(3-0.323) \} +$$

$$0.333(0.3235-0.0833)(0.323 - 3 \times 0.0833)$$

$$= 537$$

引張鉄筋が許容引張応力度 f_t に達した時のモーメント M_a なので、式 3.36 により、

$$M_a = T \cdot j = a_t \cdot f_t \cdot j = 1500 \times 300 \times 537$$

$$= 242 \times 10^6\,\mathrm{Nmm} = 242\,\mathrm{kNm}$$

となる。例題 3.3 の同じ引張鉄筋量である単筋梁と同じ値となっている。

これを略算式で求めると、例題 3.4 と同じで、M_a = 236 kNm となる。

3　複筋梁の終局曲げモーメント

複筋梁の終局曲げモーメントも単筋梁の時と同様に、コンクリートの最大圧縮ひずみが 0.3% に達した時を終局曲げモーメントとする。この時の断面のひずみ分布は図 3.39（b）に示すようになる。この時、圧縮端のひずみは 0.003 である。引張・圧縮鉄筋のひずみはコンクリート最外端のひずみ 0.003 から、三角形の相似則により求まる。このひずみが降伏ひずみ ε_y 以下であれば、鉄筋の応力度はひずみ×ヤング係数で求まり、降伏ひずみを超えていれば、降伏応力度 σ_y で一定となる。これらの合力 C と T の釣合いから、圧縮端から中立軸までの距離 x_n を求めれ

問題 3.7

例題 3.7 で鉄筋の断面積 a_t が 2500 mm^2 の時の許容曲げモーメント M_a を算定しなさい。

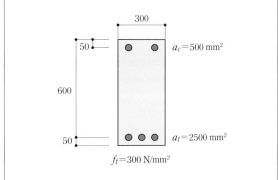

$$f_t = 300\,\mathrm{N/mm^2}$$

問題 3.8

問題 3.7 の許容曲げモーメント M_a を略算式で求め、値を比較しなさい。また、問題 3.4 の単筋梁の時と比較しなさい。

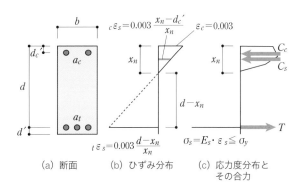

図 3.39　複筋梁の終局時の断面のひずみと応力度

ばよい。

コンクリートの応力度分布をストレスブロックで仮定すると、コンクリートの圧縮力の合力 $C = 0.85\,\sigma_B \cdot b \cdot k_1 \cdot x_n$ で与えられる。

いま、鉄筋がすべて降伏強度 σ_y で降伏していると仮定すると、鉄筋の引張力 $T = a_t \cdot \sigma_y$、圧縮力 $C = a_c \cdot \sigma_y$ で与えられ、図 3.40 のようになる。断面の力の釣合いより $T = a_t \cdot \sigma_y = 0.85\,\sigma_B \cdot b \cdot k_1 \cdot x_n + a_c \cdot \sigma_y = C$ となるので、

$$k_1 \cdot x_n = \frac{(a_t - a_c) \cdot \sigma_y}{0.85\,\sigma_B \cdot b} \quad \cdots\cdots\cdots\cdots\cdots\cdots\cdots (3.41)$$

となり、圧縮端から中立軸までの距離 x_n が容易に求まる。この x_n を用いて、ひずみ分布から三角形の相似則を用いて鉄筋のひずみを算定し、鉄筋が降伏しているかどうかをチェックすればよい。もし降伏してない場合には、鉄筋の応力度をひずみ×ヤング係数として力の釣合いから算定することになる。

鉄筋がすべて降伏している時の終局曲げモーメント M_u は、

$$M_u = C \cdot j = C_c\left(d - \frac{k_1 \cdot x_n}{2}\right) + C_s(d - d_c')$$
$$= 0.85\,\sigma_B \cdot b \cdot k_1 \cdot x_n\left(d - \frac{k_1 \cdot x_n}{2}\right) + a_c \cdot \sigma_y(d - d_c')$$
$$\cdots\cdots\cdots\cdots\cdots\cdots\cdots (3.42)$$

圧縮鉄筋が降伏しない場合には、そのひずみを $_s\varepsilon_c$、鉄筋のヤング係数を E_s とすると、

$$M_u = 0.85\,\sigma_B \cdot b \cdot k_1 \cdot x_n\left(d - \frac{k_1 \cdot x_n}{2}\right) + a_c \cdot {_s\varepsilon_c} \cdot E_s(d - d_c')$$
$$\cdots\cdots\cdots\cdots\cdots\cdots\cdots (3.43)$$

となる。

例題 3.8

図 3.41 に示した断面の梁の終局曲げモーメント M_u を算定しなさい。ただし、鉄筋の降伏強度 $\sigma_y = 300\,\text{N/mm}^2$、ヤング係数 $E_s = 2 \times 10^5\,\text{N/mm}^2$、コンクリートの圧縮強度 $\sigma_B = 24\,\text{N/mm}^2$、$k_1 = 0.85$ とする。

解

式 3.41 により、

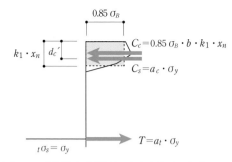

図 3.40　単純化した断面の応力度とその合力

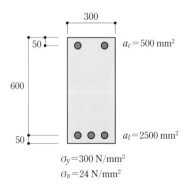

図 3.41　例題 3.8 の断面

$$x_n = \frac{(a_t - a_c) \cdot \sigma_y}{k_1 \cdot 0.85 \, \sigma_B \cdot b} = \frac{(2500 - 500) \times 300}{0.85 \times 0.85 \times 24 \times 300} = 115.3$$

鉄筋のひずみは、

$$_c\varepsilon_s = 0.003 \frac{x_n - d_c'}{x_n} = 0.003 \times \frac{115.3 - 50}{115.3} = 0.0017$$

$$_t\varepsilon_s = 0.003 \frac{d - x_n}{x_n} = 0.003 \times \frac{600 - 115.3}{115.3} = 0.0126$$

となり、いずれも鉄筋の降伏ひずみ $\varepsilon_y = \dfrac{\sigma_y}{E_s} = 0.0015$ を超えている。終局曲げモーメントは式 3.42 により、

$$M_u = 0.85 \, \sigma_B \cdot b \cdot k_1 \cdot x_n \left(d - \frac{k_1 \cdot x_n}{2} \right) + a_c \cdot \sigma_y (d - d_c')$$

$$= 0.85 \times 24 \times 300 \times 0.85 \times 115.3 \left(600 - \frac{0.85 \times 115.3}{2} \right)$$
$$+ 500 \times 300 (600 - 50)$$

$$= 413 \times 10^6 \, \text{Nmm} = 413 \, \text{kNm}$$

となる。

例題 3.9

例題 3.8 の圧縮鉄筋の断面積が図 3.42 (a) に示すように $a_c = 1500 \, \text{mm}^2$ の時の梁の終局曲げモーメント M_u を算定しなさい。ただし、その他はすべて例題 3.8 と同じとする。

解

式 3.41 により、

$$x_n = \frac{(a_t - a_c) \cdot \sigma_y}{k_1 \cdot 0.85 \, \sigma_B \cdot b} = \frac{(2500 - 1500) \times 300}{0.85 \times 0.85 \times 24 \times 300}$$
$$= 57.7$$

鉄筋のひずみは、図 3.42 (b) に示すように、

$$_c\varepsilon_s = 0.003 \frac{x_n - d_c'}{x_n} = 0.003 \times \frac{57.7 - 50}{57.7} = 0.00040$$

$$_t\varepsilon_s = 0.003 \frac{d - x_n}{x_n} = 0.003 \times \frac{600 - 57.7}{57.7} = 0.0282$$

となり、圧縮鉄筋は降伏していない。圧縮鉄筋の応力度はひずみにヤング係数を掛けたものになる。各鉄筋、コンクリートの応力度の合力は図 3.42 (c) に示すようになる。

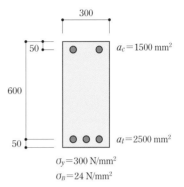

$\sigma_y = 300 \, \text{N/mm}^2$

$\sigma_B = 24 \, \text{N/mm}^2$

(a) 断面

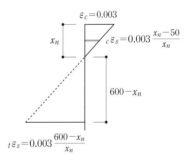

(b) ひずみ分布

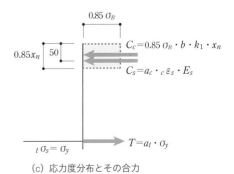

(c) 応力度分布とその合力

図 3.42　例題 3.9 の断面とひずみ分布、応力度分布

$C_c = 0.85\,\sigma_B \cdot b \cdot k_1 \cdot x_n = 0.85 \times 24 \times 300 \times 0.85\,x_n$

$\qquad = 5202\,x_n$

$C_s = a_c \cdot {}_c\varepsilon_s \cdot E_s = 1500 \times 2 \times 10^5 \times 0.033\,\dfrac{x_n - 50}{x_n}$

$\qquad = 900000\,\dfrac{x_n - 50}{x_n}$

$T = a_t \cdot \sigma_y = 2500 \times 300 = 750000$

$C_c + C_s = T$ であるので、整理してまとめると、

$5202\,x_n + 900000\,\dfrac{x_n - 50}{x_n} = 750000$

これより、

$x_n{}^2 + 28.8\,x_n - 8650 = 0$

$x_n = \dfrac{-28.8 + \sqrt{28.8^2 + 4 \times 8650}}{2} = 79.7$

これより、

$C_c = 5202\,x_n = 415 \times 10^3$

$C_s = 900000 \times \dfrac{x_n - 50}{x_n} = 335 \times 10^3$

これより終局曲げモーメントは

$M_u = C_c\left(d - \dfrac{k_1 \cdot x_n}{2}\right) + C_s(d - d_c')$

$\qquad = 415 \times 10^3\left(600 - \dfrac{0.85 \times 79.7}{2}\right) + 335 \times 10^3(600 - 50)$

$\qquad = 419 \times 10^6\,\mathrm{N/mm} = 419\,\mathrm{kN/m}$

例題 3.8 に比べわずかな増大となっている。

鉄筋が降伏強度に達すると同時にコンクリートの最外端の応力度が終局強度に達する時の釣合鉄筋比 p_{tbu} を求める。断面のひずみ分布は、図 3.43 に示したようになり、圧縮端から中立軸位置までの距離 x_n は単筋梁と同様に式 3.26 で求めることができる。引張鉄筋の合力 $T = a_t \cdot \sigma_y$、コンクリートの圧縮力 $C_c = 0.85\,\sigma_B \cdot b \cdot k_1 \cdot x_n$ であり、圧縮鉄筋の合力 C_s はひずみに応じて、$C_s = a_c \cdot {}_c\varepsilon_s \cdot E_s \leqq a_c \cdot \sigma_y$ となる。この釣合いより、$a_t \cdot \sigma_y = 0.85\,\sigma_B \cdot b \cdot k_1 \cdot x_n + a_c \cdot {}_c\varepsilon_s \cdot E_s$ となり、

$$a_t = \dfrac{0.85\,\sigma_B \cdot b \cdot k_1 \cdot x_n + a_c \cdot {}_c\varepsilon_s \cdot E_s}{\sigma_y} \quad\cdots\cdots\cdots\cdots (3.44)$$

が得られる。これに、式 3.26 を代入し、$p_{tbu} = \dfrac{a_{tbu}}{b \cdot d}$、

$p_c = \dfrac{a_c}{b \cdot d}$ として、

$$p_{tbu} = \dfrac{0.85\,\sigma_B \cdot k_1}{\sigma_y} \times \dfrac{0.003}{0.003 + \varepsilon_y} + \dfrac{p_c \cdot {}_c\varepsilon_s \cdot E_s}{\sigma_y} \cdots (3.45)$$

となる。ただし、式 3.45 中の ${}_c\varepsilon_s \cdot E_s \leqq a_c \cdot \sigma_y$ である。靭性確保という観点より、断面の鉄筋量はこれ以下となるよう設計することが望ましい。

釣合鉄筋比以下の時には、終局曲げモーメントは単筋梁と同様に式 3.29 で近似的に算定することができる。

$$M_u = a_t \cdot \sigma_y \cdot j = a_t \cdot \sigma_y \cdot 0.9d \cdots\cdots\cdots\cdots (3.29、再掲)$$

例題 3.10

例題 3.9 を略算式 3.29 で求めてみる。

解

式 3.29 により、

$M_u = a_t \cdot \sigma_y \cdot 0.9d = 2500 \times 300 \times 0.9 \times 600$

$\qquad = 405 \times 10^6\,\mathrm{Nmm} = 405\,\mathrm{kNm}$

となる。

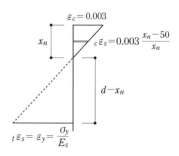

図 3.43　釣合鉄筋比の時のひずみ分布

3·4 梁の変形

1 断面のモーメント－曲率関係

図 3.44(a) に示す断面の鉄筋コンクリート梁に曲げモーメントが作用する時、コンクリートの引張応力度が引張強度以下の時には、弾性状態であり、クラックの入る寸前のコンクリートの最外端の引張応力度を $_cf_t$、コンクリートのヤング係数を E_c とすると、その時のモーメント M_c と曲率 ϕ_c は、鉄筋の効果を無視すると図 3.44 (b) を参考に次のようになる。

$$M_c = Z \cdot {_cf_t}$$

$$\phi_c = \frac{2\,{_cf_t}}{E_c \cdot D} \quad\cdots\cdots\cdots\cdots\cdots\cdots\cdots\cdots\cdots\cdots (3.46)$$

鉄筋が降伏応力度 σ_y の時のモーメント M_y と曲率 ϕ_y は、コンクリートが許容応力度以下で応力度が線形分布とすると、式 3.33、3.38、図 3.44 (c) を参考に次のようになる。

$$M_y = \frac{p_t \cdot \sigma_y}{3(1-x_{n1})}\left\{(1-x_{n1})(3-x_{n1}) + \gamma\,(x_{n1}-d_{c1})(x_{n1}-3\,d_{c1})\right\} b \cdot d^2$$

$$\phi_y = \frac{\sigma_y}{E_s(d-x_n)} \quad\cdots\cdots\cdots\cdots\cdots\cdots\cdots (3.47)$$

終局時のモーメント M_u は、式 3.42、3.43 で与えられ、曲率 ϕ_u は、図 3.44 (d) を参考に次のようになる。

$$\phi_u = \frac{0.003}{x_n} \quad\cdots\cdots\cdots\cdots\cdots\cdots\cdots\cdots (3.48)$$

終局時に圧縮鉄筋が降伏している時は、x_n が式 3.41 で与えられるので、圧縮鉄筋量が増えると x_n が小さくなり、終局曲率 ϕ_u が大きくなる。

式 3.46 ～式 3.48 を用いて断面のモーメントと曲率の関係を模式的に示したのが図 3.45 である。

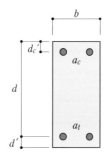

(a) 断面

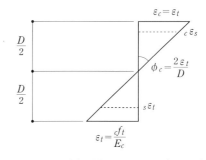

(b) 弾性時の断面のひずみと曲率

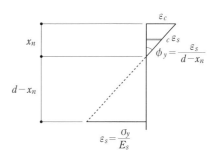

(c) 鉄筋が降伏ひずみの時の断面のひずみと曲率

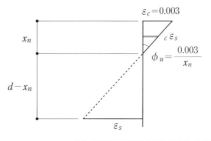

(d) 終局時の断面のひずみと曲率

図 3.44 複筋梁の断面のひずみと曲率

2 部材のモーメント−回転角関係

図3.45の関係を用いると、部材のモーメント分布に応じて、曲率分布を設定することができる。これを積分することにより、部材としてのモーメント−回転角関係やモーメント−変形関係を設定することができる。実際の部材では、曲げ変形のほかに、せん断変形や付着・定着劣化に伴う変形を考慮する必要がある。これらは本書の範囲を超えるので、専門書など[*1]を参考にしてもらうことにして、ここでは実験結果にもとづいた略算法を示す。

地震時などの水平力を受ける部材の曲げモーメントは図3.46に示したように逆対称分布になることが多い。この場合には、材端のクラックモーメントM_c時の材端回転角θ_cは、部材の弾性曲げ剛性を$E \cdot I$、スパンをlとすると次式で与えられる。

$$\theta_c = \frac{M_c \cdot l}{6 E \cdot I} \quad \cdots\cdots\cdots\cdots (3.49)$$

降伏モーメント時の材端回転角θ_yは、降伏時の剛性低下率α_yを用いて次式で与えられる。

$$\theta_y = \frac{M_y \cdot l}{\alpha_y \cdot 6 E \cdot I} \quad \cdots\cdots\cdots\cdots (3.50)$$

α_yは、矩形断面の柱・梁の場合、実験結果の分散分析から次式で与えられている[*2]。

$$\alpha_y = \left\{ 0.043 + 1.64\, n \cdot p_t + 0.043\, \frac{a}{D} + 0.33\, \eta_0 \right\} \left(\frac{d}{D} \right)^2$$
$$\cdots\cdots\cdots\cdots (3.51)$$

ここで、

n：ヤング係数比

p_t：$\dfrac{a_t}{b \cdot D}$

a：シアスパン$= \dfrac{M}{Q}$

η_0：$\dfrac{N}{b \cdot D \cdot \sigma_B}$

この式の適用範囲は、$p_t = 0.4 \sim 2.8\%$、$\dfrac{a}{D} = 2 \sim 5$、$\eta_0 = 0 \sim 0.55$ で、コンクリート強度 $F_c = 36$ N/mm² 以下、鉄筋 SD390 以下である。

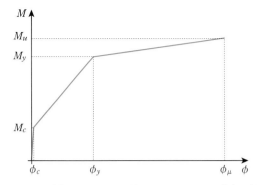

図3.45　鉄筋コンクリート断面のモーメント−曲率関係

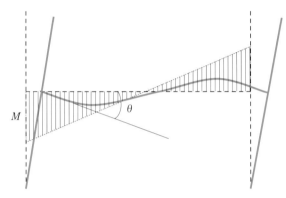

図3.46　逆対称曲げを受ける部材

MEMO

ϕ：曲率は単位長さあたりの回転角でひずみ分布の角度となり、単位は 1/mm となる。

θ：回転角、単位は rad。

＊1　日本建築学会、「鉄筋コンクリート造建物の靭性保証型耐震設計指針・同解説」、1999
日本建築学会、「鉄筋コンクリート造建物の耐震性能評価指針（案）・同解説」、2004　など
＊2　菅野俊介、東端泰夫、山口育雄：鉄筋コンクリート短柱の崩壊防止に関する総合研究：その18：初ひびわれ時及び降伏時の剛性、日本建築学会大会学術講演梗概集．構造系49（構造系）、1323 － 1324,1974

3·5 梁の曲げに対する断面算定と構造規定

1 断面算定の基本

　鉄筋コンクリート梁の曲げに対する断面算定とは、一般的には断面内の主筋量によって定まる曲げ耐力（許容曲げモーメント、終局曲げモーメントなど）が、設計で必要とするモーメント（長期に作用するモーメントや、地震時に作用するモーメント）より大きくなるように、主筋の量を決めることである。この方法としては、

①あらかじめ仮定した主筋量による許容曲げモーメントや終局曲げモーメントを求め、これが設計モーメントより大きいことを確認する方法（これを検証型あるいは照査型という）

②設計モーメントから必要な主筋量を算定する方法がある。

　超高層建築などでは、あらかじめ必要な終局耐力の概算値から主筋を決定し、その配筋の断面による許容曲げモーメントや終局曲げモーメント耐力が、長期荷重時や地震時などに作用するモーメントに対して十分であるかを検定する①の方法が使われることが多い。この場合には、前節で求めた許容曲げモーメントや終局曲げモーメントの算定式を用いて、算定すればよい。

　一般的な建物では、構造解析結果から部材に作用するモーメントを求め、そのモーメントに対して必要な鉄筋量を定めるという②の方法が用いられる。この場合でも、構造解析により不静定構造を解くためには部材の断面寸法を仮定する必要がある。一般的には、長期に作用するモーメントに対して長期許容応力度による断面算定、稀に起こる地震に対しては、損傷制御として短期許容応力度による断面算定を行う。極めて稀に起こる地震に対する安全性の検討は、構造制限などで満足するとして、曲げに対し

ては詳細検討を行わないことも多い。

実際の配筋を決める時には、鉄筋は必ず4隅に配置し複筋とすること（図3.47）や、耐久性の確保などの観点から定められた構造制限を満足するように鉄筋を定める必要がある。

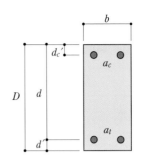

図 3.47　複筋梁の断面

2　断面算定の手順

梁の主筋量の算定は、部材耐力を略算式（式3.21）で算定するか、精算式で算定するかによってその手順が異なる。精算式の場合には、式3.38と式3.39を算定し、その小さなほうを部材耐力とすることになるので、やや煩雑になる。そのために部材耐力（許容曲げモーメント）を求める算定図表が用意してあることが多い。図3.47のような断面を持つ複筋コンクリート梁の断面形状（D、d、b）、使用材料（f_t、f_c）を決め、$\dfrac{d_c}{d} = 0.1$ とすれば、式3.38 より K_1 が、式3.39 より K_2 が p_t、γ の関数として算定でき、図3.48 (a)（$f_t = 215\,\mathrm{N/mm^2}$、$f_c = 8\,\mathrm{N/mm^2}$）、図3.48 (b)（$f_t = 345\,\mathrm{N/mm^2}$、$f_c = 16\,\mathrm{N/mm^2}$）のような図表をつくることができる。

この計算図表において、K_1、K_2 が交差する時の p_t が釣合鉄筋比 p_{tb} であり、複筋比 γ によって、その値が異なる。p_{tb} より鉄筋比の少ない領域では、引張鉄筋により断面の許容曲げモーメントが定まる。鉄筋比の大きな領域では、圧縮側コンクリートの許容応力度により、断面の許容曲げモーメントが定まることになる。K_2 で許容曲げモーメントが定まる場合には、p_t の増加に比べ、モーメントの増大が少なく不経済となる。

また、地震時モーメントに対する断面算定では、極めて稀に生じる地震時にも建物が壊れないようにするため、できるだけ変形能力のある鉄筋の許容応力度で断面の許容曲げモーメントが定まるようにすることが望ましい。

この図表を用いて、次のような手順で主筋断面を算定することができる。

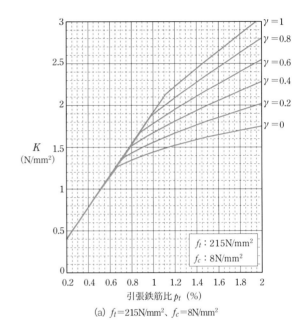

(a) $f_t = 215\mathrm{N/mm^2}$、$f_c = 8\mathrm{N/mm^2}$

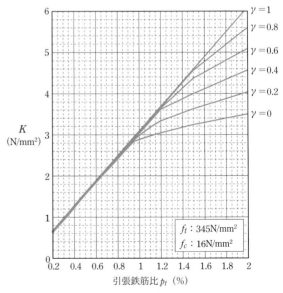

(b) $f_t = 345\mathrm{N/mm^2}$、$f_c = 16\mathrm{N/mm^2}$

図 3.48　引張鉄筋の断面算定図表

①構造計画で定めた仮定断面より、b、d を決める。

②$\dfrac{M}{b \cdot d^2} = K$ を計算し、その値を図の縦軸上にとる。

③K の値を水平に移して、K_1 との交点から p_t を求め、K_2 が K_1 より大きくなるために必要な γ を求める。

④$a_t = p_t \cdot b \cdot d$ から引張側鉄筋の必要断面積 a_t を求める。

⑤$a_c = \gamma \cdot a_t$ から圧縮側鉄筋の断面積 a_c を求める。

⑥主筋径を決めて、本数を算出する。

⑦断面内に主筋の配置をかく。

　略算式である式 3.21 を用いる場合には、次のような手順で算定できる。

①構造計画で定めた仮定断面より、b、d を決める。

②式 3.21 を変形して $a_t = \dfrac{M}{f_t \cdot \dfrac{7}{8} d}$ として、引張側鉄筋の必要断面積 a_t を求める。

③$p_t = \dfrac{a_t}{b \cdot d}$ から p_t を求める。

　図 3.37 もしくは式 3.40 を用いて釣合鉄筋比 p_{tb} を求め、p_t がそれ以下であることを確認する。また、それに必要な複筋比 γ を求める。

　略算式による算定のほうが簡便であり、結果の配筋量はそれほどの相違がない。これらをまとめると図 3.49 のようになる。実務設計では、コンピュータによる一貫設計が行われ、手計算でこのような計算を行う機会は少なくなりつつあるが、結果の出力を検証できることが必要であり、そのためにはこうした知識が不可欠である。

例題 3.11

　図 3.50 に示したような 300 × 650 mm の断面で、有効せい d が 600 mm、d_c' が 50 mm、引張鉄筋断面積 a_t、圧縮鉄筋断面積 a_c の複筋梁がある。この梁に、長期曲げモーメント 100 kNm、短期（損傷制御）曲げモーメント 250 kNm が作用するとした時に、許容曲げモーメントがこれを上回るのに必要な主筋量を長期と短期（損傷制御）時について算定しなさい。ただし、コンクリートの $F_c = 24$ N/mm²、鉄筋は SD345 とし、許容応力度は 2 章表 2.9 に示した値を用いる。

point

　釣合鉄筋比以下になることを目標とするためにこうしているが多少のオーバーはかまわない。その時は、K_2 との交点から p_t を求める。適切な複筋比にならない場合（$\gamma > 1$）などは、コンクリート強度を上げるなどの対応をとる。断面を変更すると、構造解析からやり直すことになる。

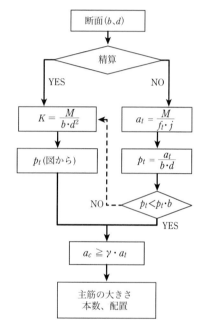

図 3.49　梁の主筋算定フローの断面

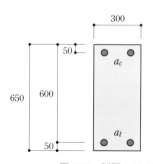

図 3.50　例題 3.11 の断面

1)計算図表を用いる場合

表3.1に示すようになる。最後の配筋は、長期と短期の必要断面積の大きいほうの断面積以上となるよう設定する。

2)略算による場合

表3.2に示すようになる。釣合鉄筋比のチェックは、短期（損傷制御）で断面が決まったので、短期の p_t が p_{tb} 以下であることを確認する。

略算による場合、必要断面はすぐに算定することができるが、釣合鉄筋比以下であることの検証が必要となる。実際の設計では、材料が決まると、釣合鉄筋比が定まるので、断面内に配筋できる鉄筋量が決まり、それ以下になるようにすればよい。

3　T形断面梁

通常の鉄筋コンクリートの場合、梁は、スラブと一体に作られるので、その剛性はT形梁として計算する。スラブが梁と一体となって働く部分をT形梁の有効幅といい、B であらわす（図3.51）。B は、梁幅 b に、その両側または片側のスラブの部分の協力幅 b_a をそれぞれ加えたものとする。協力幅 b_a は、次式によって計算する。

$$b_a \begin{cases} \left(0.5 - 0.6\dfrac{a}{l}\right)a & (a < 0.5\,l \text{の場合}) \\ 0.1\,l & (a < 0.5\,l \text{の場合}) \end{cases} \quad \cdots\cdots(3.52)$$

表3.1　精算による梁配筋計算表

長期 M（kNm）			100	
短期 M（kNm）			250	
断面	$b(B) \times D$（mm）		300×650	仮定断面
	d（mm）		600	
	$b \cdot d^2 \times 10^6$（mm³）		108	
算定断面	$\dfrac{M}{b \cdot d^2}$（N/mm²）	長期	0.93	
		短期	2.31	
	p_t（%）	長期	0.48	図3.48(a)から
		短期	0.75	図3.48(b)から
必要鉄筋断面 a_t（mm²）		長期	864	$a_t = p_t \cdot b \cdot d$
		短期	1350	
配筋			4-D22	

表3.2　略算による梁配筋計算表

長期 M（kNm）			100	
短期 M（kNm）			250	
断面	$b(B) \times D$（mm）		300×650	仮定断面
	d（mm）		600	
	j（mm）		525	$j = \dfrac{7}{8}d$
必要鉄筋断面 a_t（mm²）		長期	886	$a_t = \dfrac{M}{f_t \cdot j}$
		短期	1380	
配筋			4-D22	
設定断面 a_t（mm²）			1548	配置した鉄筋の断面
p_t（%）			0.86	
p_{tb}		短期	1.35	図3.37による*

* : $\dfrac{f_c}{f_t} = \dfrac{16}{345} = 0.0464$（短期）、$\gamma = 0.5$

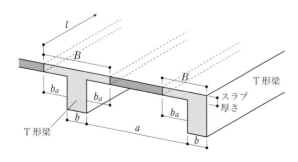

図3.51　T形梁の有効幅

ここで、

　　a：梁の側面から隣り合っている梁の側面まで
　　　　の距離

　断面算定で梁を T 形梁として扱うのは、図3.52
(a) のようにスラブ側が圧縮側となる場合である。
また、図3.52 (b) のようにスラブ側が引張側となる
場合は、長方形梁として扱う。

　なお、T 形梁では、中立軸がスラブ内にある場合
とスラブ外にある場合とがあるが、一般にはスラブ
内にあることが多く、その場合には幅 B の長方形梁
として扱えばよい。この場合 B が大きいので、ほと
んどの場合、釣合鉄筋比以下になり、鉄筋量の算定
は略算式である式3.21 で算定すればよい。

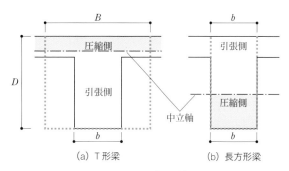

図3.52　T 形梁の断面

4　梁の構造規定

　計算結果と並行して、設計にあたっては、以下の
点を満足する必要がある。

①長期曲げモーメントを受ける部分の引張鉄筋断面
　積は、0.004$b\cdot d$ または計算によって求められた必
　要な量の $\frac{4}{3}$ 倍のうち、小さいほうの値以上とす
　る。

②主要な梁は、全スパンにわたって複筋梁とする。

③主筋径は D13 以上とする。

④主筋の空きは、25 mm 以上、かつ、異形鉄筋の径
　での 1.5 倍以上とする。

⑤主筋の配置は、特別の場合を除き 2 段以下とする。

⑥梁せいが、梁内法スパンの $\frac{1}{10}$ 以下の場合には、
　長期変形を計算して、使用性能の確認をする必要
　がある。

　なお、耐久性確保の面からかぶり厚さの最小値が
2章表2.7に示したように定まっており、これを満足
させる必要がある。これらの条件を満足させるため
の梁の最小寸法幅の一覧表が用意されている。表
3.3 は、あばら筋のフックが片側で先曲げの場合の
最小寸法の例である。

表3.3　梁幅の最小寸法例（あばら筋が片側フック、先曲げ）

主筋	あばら筋＼主筋本数(本)	2	3	4	5	6
D16	D10	195	235	285	335	385
	D13	210	250	300	350	400
D19	D10	195	240	295	345	400
	D13	215	255	310	360	415
D22	D10	200	250	310	365	425
	D13	220	265	325	380	440
D25	D10	210	265	330	400	465
	D13	225	280	350	415	480
	D16	245	300	365	435	500
D29	D10	220	290	365	440	520
	D13	235	305	380	460	535
	D16	255	320	395	475	550
D32	D13	245	320	400	485	570
	D16	260	335	420	500	585

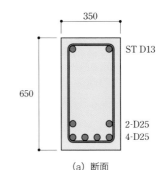

(a) 断面

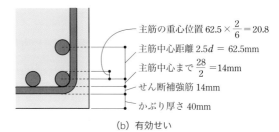

(b) 有効せい

図 3.53　例題 3.12 の配筋

例題 3.12

図 3.53（a）に示したような 350 × 650 mm の断面で、かぶり厚さ 40 mm、あばら筋 D13、主筋が 2 段筋で、1 段目が 4-D25、2 段目が 2-D25 の時の有効せい d を算定しなさい。

解

異形鉄筋を用いる場合、有効せいの算定の時には最外径を用いて算定する。2 章表 2.6 より、D13 の最外径は 14 mm、D25 の最外径は 28 mm、2 段筋の芯芯間は 62.5 mm となるので、図 3.53（b）のようになり、$d = 650 - \left(40 + 14 + \dfrac{28}{2} + 62.5 \times \dfrac{2}{6}\right) = 561$ mm となる。

問題 3.9

図に示す RC 単純梁に荷重 P が作用する時、以下の各値を算定しなさい。

①有効せい（下端鉄筋に対して）

②下端引張鉄筋比

③長期許容モーメント

④短期許容モーメント

⑤終局モーメント

⑥終局モーメント時の荷重 P

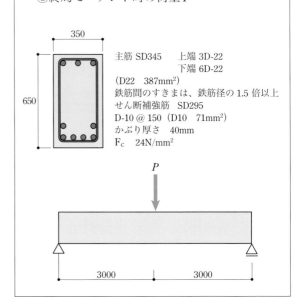

主筋 SD345　　上端 3D-22
　　　　　　　　下端 6D-22
（D22　387mm^2）
鉄筋間のすきまは、鉄筋径の 1.5 倍以上
せん断補強筋　SD295
D-10 @ 150（D10　71mm^2）
かぶり厚さ　40mm
F_c　24N/mm^2

4章

軸力と曲げを受ける部材

4·1 中心圧縮を受ける部材

図 4.1 に示すような鉄筋コンクリート部材に圧縮力 P が作用している時、コンクリートも鉄筋も Δl だけ縮んでおり、そのひずみは両者とも $\varepsilon = \dfrac{\Delta l}{l}$ である。弾性時に両者に生じる応力度 σ は、ヤング係数をそれぞれ E_c、E_s とすると、

コンクリート　　$\sigma_c = E_c \cdot \varepsilon$

鉄筋　　　　　　$\sigma_s = E_s \cdot \varepsilon$

これより、$\sigma_s = \dfrac{E_s}{E_c}\, \sigma_c = n \cdot \sigma_c$

ここで n はヤング係数比である。鉄筋の断面積を a_s、コンクリートの断面積を a_c とすると、コンクリートの許容応力度 f_c に達する時の許容圧縮耐力 N_a は、

$$N_a = a_s \cdot \sigma_s + a_c \cdot \sigma_c = (n \cdot a_s + a_c)\sigma_s$$

$$= (n \cdot a_s + a_c)f_c \quad\cdots\cdots\cdots\cdots\cdots\cdots (4.1)$$

鉄筋の許容応力度 $_r f_c$ に達する時の許容圧縮耐力 N_a は、

$$N_a = a_s \cdot \sigma_s + a_c \cdot \sigma_c = \left(a_s + \frac{a_c}{n}\right)\sigma_s$$

$$= \left(a_s + \frac{a_c}{n}\right)_r f_c \quad\cdots\cdots\cdots\cdots\cdots (4.2)$$

部材としての許容軸耐力は、鉄筋コンクリート部材では特殊な場合を除いて座屈を考える必要はなく、式 4.1 と式 4.2 で与えられる値のうち小さいほうの値となる。

終局軸耐力 N_u は、鉄筋が降伏（σ_y）している時のコンクリートの応力度を、曲げの時と同様に 0.85 σ_B と考えると次式となる。

$$N_u = a_s \cdot \sigma_s + a_c \cdot \sigma_c = a_s \cdot \sigma_y + 0.85 a_c \cdot \sigma_B \cdots (4.3)$$

コンクリートを圧縮すると、図 4.2 (a) に示したように横方向に拡がろうとする。さらに荷重を加えると、図 4.2 (b) のように中央部では横方向に拡がるように破壊する（図 4.2 (c)）。そこでこの拡がりに対し、横補強筋で抵抗させることで圧縮強度の増大や、最

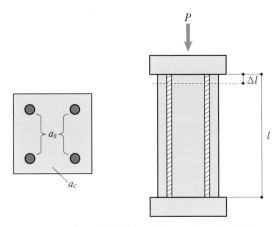

図 4.1　中心圧縮を受ける鉄筋コンクリート部材

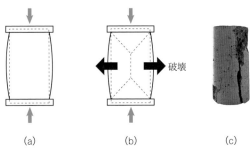

(a)　　　　　　(b)　　　　　　(c)

図 4.2　コンクリートの圧縮

大耐力以降の耐力の低下をゆるやかにすることができる。これを、拘束効果という。柱などの角柱における拘束効果は、図4.3 に示したように帯筋と主筋とで効果を発揮する。中子筋を使用したものほど、また帯筋の間隔が小さいものほど、その効果は大きい。

　この拘束効果による耐力確保は、大地震時における建築物の崩壊防止に有効である。したがって、耐震壁の境界柱など、大地震時に大きな軸力を受けるような柱では、せん断補強筋とあわせ、拘束筋としての帯筋を入れるようにする。この時、中子筋を入れることが、図4.4 に示したように倒壊を防ぐためには効果的である。密に拘束された柱では、終局軸耐力を与える式4.3 の 0.85 を 1.0 とすることもある。

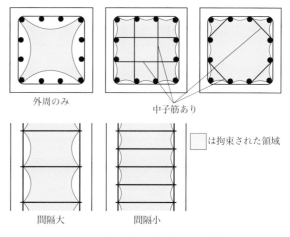

図 4.3　中心圧縮における拘束効果

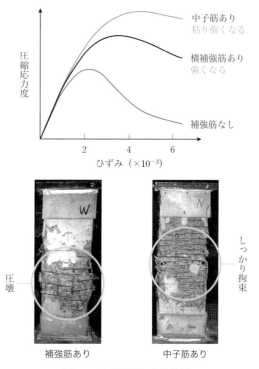

図 4.4　中心圧縮による破壊

軸力と曲げを受ける無筋コンクリート部材

1 断面の軸力と曲げ

柱の曲げを考える時には、梁と同じように平面保持などの基本仮定を設ける。梁との違いは、曲げモーメントだけでなく、軸力が作用している点である。

図 4.5 に示すように、断面に曲げ（図 4.5(a)）と軸力（図 4.5(b)）が作用すると、図 4.5(c) に示すように、断面内の応力度分布もそれを重ね合わせたものとなる。この時、作用する曲げモーメントを、図 4.5(d) に示すように軸力と同じ大きさの力による距離 e の偶力のモーメント $M = N \cdot e$ に置き換えてやると、中心軸上の軸力は打ち消しあうので、図 4.5(e) に示すように e だけ偏心したところに軸力が作用しているのと同じことになる。

この軸力の位置は、断面の応力度の重心位置と一致するため、軸力と曲げモーメントを受ける断面では、曲げモーメントは断面の応力度の合力と、その合力の断面中心と重心の距離の積から求まる力のモーメントと等しくなることがわかる。逆に言えば、断面内の応力度分布がわかると、その断面に作用している軸力と曲げモーメントが容易に算定できるということになる。

断面内に、圧縮応力度のみが偏心して存在すると、その合力が圧縮力であり、断面中心からの偏心距離を乗じたものが曲げモーメントに対応する。この場合、断面内に引張力は作用していないわけであるから、引張力を負担するものがなくても曲げモーメントに抵抗できることになる。すなわち、圧縮力の作用する部材では、無筋コンクリートでも曲げモーメントに抵抗できることになる。

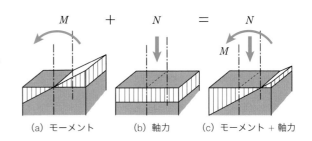

(a) モーメント　　(b) 軸力　　(c) モーメント + 軸力

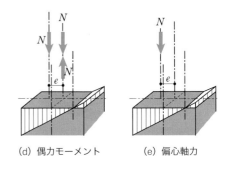

(d) 偶力モーメント　　(e) 偏心軸力

図 4.5　軸力とモーメントを受ける断面の応力度

2 無筋コンクリートの軸力と曲げモーメント

図4.6(a)に示した断面に軸力Nが作用する時を考える。まず最初に、Nが断面中心に作用する時は、図4.6(b)に示したように断面内のひずみ分布は一様で、応力度分布も一様となる。この時の応力度をσ_cとすると、軸力$N = \sigma_c \cdot b \cdot D$となり、偏心距離$e = 0$であるので、力のモーメントは0となる。

次に、軸力が少し偏心して作用した時を考える。この時のひずみ分布は図4.6(c)左に示したようになり、中立軸は断面外となり、圧縮端から中立軸までの距離$x_n > D$となる。断面が弾性状態だとすると、断面内の応力度分布はひずみ分布と相似となり、図4.6(c)右に示したような台形分布となる。この右端の大きいほうの応力度をσ_cとすると、左端の小さいほうの応力度は、三角形の相似則を用いて$\sigma_c \dfrac{x_n - D}{x_n}$となる。この時の軸力$N$は、

$$N = \frac{1}{2}\left(\sigma_c + \sigma_c \frac{x_n - D}{x_n}\right) b \cdot D$$

$$= \frac{\sigma_c}{2}\left(1 + \frac{x_n - D}{x_n}\right) b \cdot D \quad \cdots\cdots\cdots (4.4)$$

これより、

$$\frac{x_n - D}{x_n} = 2\frac{N}{b \cdot D \cdot \sigma_c} - 1 \quad \cdots\cdots\cdots\cdots (4.5)$$

断面の応力度の合力による力のモーメントは、台形の応力度分布を図4.6(c)右に示したように下部の長方形部分と、上部の三角形部分とに分けて考える。下部の長方形部分の合力は、断面中心に来るので力のモーメントが0となり、上部三角形部分だけ考えればよい。これが曲げモーメントと釣り合うことになるので、

$$M = \frac{1}{12} b \cdot D^2 \cdot \sigma_c \left(1 - \frac{x_n - D}{x_n}\right)$$

$$= \frac{1}{12} b \cdot D^2 \cdot \sigma_c \left(1 - \frac{2N}{b \cdot D \cdot \sigma_c} + 1\right)$$

$$= \frac{1}{6} b \cdot D^2 \cdot \sigma_c \left(1 - \frac{N}{b \cdot D \cdot \sigma_c}\right) \quad \cdots\cdots\cdots (4.6)$$

となる。曲げモーメントは、軸力Nの1次式となっ

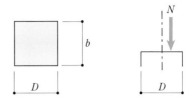

(a) 無筋コンクリート断面

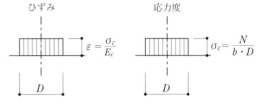

(b) 偏心なし

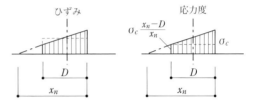

(c) 少し偏心 中立軸は断面外

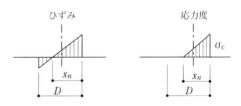

(d) かなり偏心 中立軸は断面内

図4.6 無筋コンクリート断面内のひずみと応力度分布

ている。

　さらに軸力が偏心して作用し、ひずみ分布は図
4.6(d) 左に示したようになり、中立軸が断面内にあ
る場合（$x_n < D$）の応力度分布は引張側が0となる
ので、図4.6(d) 右に示したような三角形分布となる。
この右端の応力度を σ_c とした時の軸力 N は、

$$N = \frac{1}{2} b \cdot x_n \cdot \sigma_c \quad \cdots\cdots\cdots\cdots\cdots\cdots (4.7)$$

　これより、

$$x_n = \frac{2N}{b \cdot \sigma_c} \quad \cdots\cdots\cdots\cdots\cdots\cdots\cdots (4.8)$$

　曲げモーメントは、

$$
\begin{aligned}
M &= N\left(\frac{D}{2} - \frac{x_n}{3}\right) \\
&= N\left(\frac{D}{2} - \frac{2N}{3\,b \cdot \sigma_c}\right) \\
&= \frac{N \cdot D}{2}\left(1 - \frac{4N}{3\,b \cdot D \cdot \sigma_c}\right) \cdots\cdots\cdots (4.9)
\end{aligned}
$$

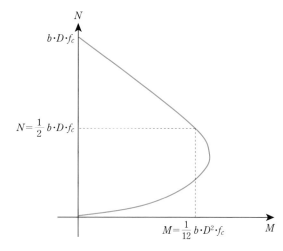

図4.7　無筋コンクリートの軸力－許容曲げモーメント

となる。この時、曲げモーメントは軸力 N の2次式
となっている。コンクリートの許容圧縮応力度を f_c
とすると、軸力 N が作用する時の許容曲げモーメン
トは、軸力の小さいうちは式4.9から、

$$M = \frac{N \cdot D}{2}\left(1 - \frac{4N}{3\,b \cdot D \cdot f_c}\right) \cdots\cdots\cdots\cdots (4.10)$$

　軸力が大きくなると式4.6より、

$$M = \frac{1}{6} b \cdot D^2 \cdot f_c \left(1 - \frac{N}{b \cdot D \cdot f_c}\right) \cdots\cdots\cdots (4.11)$$

式で与えられる。これらの軸力（N）と許容曲げモ
ーメント（M）の関係は、図4.7に示したようになる。
両式の境界となる軸力は、式4.10と式4.11を等しい
とおいて、$N = \frac{1}{2} b \cdot D \cdot f_c$ となる。すなわち、これ
より軸力の小さい間は、許容曲げモーメントは軸力
の2次式で表され、軸力が大きくなると1次式で表
されることになる。

　図4.6(d) の場合で、圧縮端のひずみが大きくなり、
終局ひずみ 0.003 に達して図4.8(a) のようなひずみ
分布になった時を考えると、その時の応力度分布は

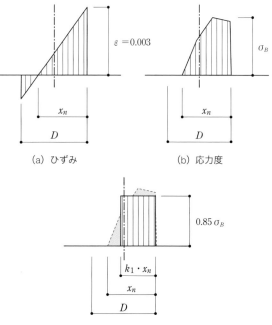

(a) ひずみ　　　　(b) 応力度

(c) ストレスブロックに置換した応力度

図4.8　無筋コンクリートの終局時のひずみと応力度分布

図 4.8(b) に示すようになる。これを、梁の時と同様に矩形のストレスブロックに置換すると、図 4.8(c) に示すようになる。この時の軸力 N は、

$$N = 0.85 k_1 \cdot b \cdot x_n \cdot \sigma_B \quad\cdots\cdots\cdots\cdots\cdots\cdots(4.12)$$

これより、

$$x_n = \frac{N}{0.85\, k_1 \cdot b \cdot \sigma_B} \quad\cdots\cdots\cdots\cdots\cdots\cdots(4.13)$$

終局曲げモーメント M_u は、

$$M_u = N \cdot e = N\left(\frac{D}{2} - \frac{k_1 \cdot x_n}{2}\right)$$

$$= \frac{N \cdot D}{2}\left(1 - \frac{N}{0.85\, b \cdot D \cdot \sigma_B}\right)\cdots\cdots\cdots(4.14)$$

となる。ここで、$0.85 b \cdot D \cdot \sigma_B = N_0$ と置くと、

$$M_u = \frac{N \cdot D}{2}\left(1 - \frac{N}{N_0}\right) = \frac{D}{2N_0}(N \cdot N_0 - N^2)$$

$$= \frac{-D}{2N_0}\left(N - \frac{N_0}{2}\right)^2 + \frac{N_0 \cdot D}{8} \quad\cdots\cdots\cdots(4.15)$$

と書き直すことができる。式 4.15 は楕円を表す式であり、これを軸力 (N) と曲げモーメント (M) の関係で示すと、図 4.9 に示したようになる。図 4.7 に示した許容曲げモーメントも合わせて示したが、軸力の大きい領域で、終局曲げモーメントがかなり大きいことがわかる。

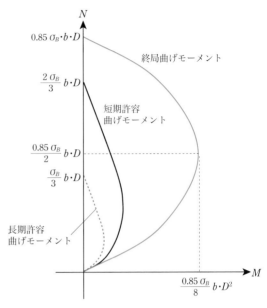

図 4.9　無筋コンクリートの軸力－曲げモーメント関係

例題 4.1

　図 4.10 に示したように $500 \times 500\,\mathrm{mm}$ の断面の無筋コンクリート柱に $1000\,\mathrm{kN}$ の軸力が作用している。この柱の長期・短期許容曲げモーメントと終局曲げモーメントを求めなさい。ただし、コンクリートの $\sigma_B = 24\,\mathrm{N/mm^2}$ とする。

解

　コンクリートの長期と短期の許容圧縮応力度は、$8\,\mathrm{N/mm^2}$、$16\,\mathrm{N/mm^2}$ であるので、式 4.10 と式 4.11 の境界の軸力はそれぞれ、$1000\,\mathrm{kN}$、$2000\,\mathrm{kN}$ となる。これより、中立軸は長期、短期とも断面内にあり、許容曲げモーメントは長期、短期とも式 4.10 により、

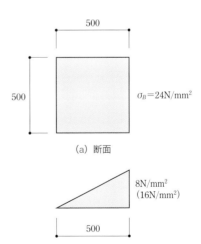

長期 $= \dfrac{8 \times 500 \times 500}{2} = 1000000\,\mathrm{N}$

短期 $= \dfrac{16 \times 500 \times 500}{2} = 2000000\,\mathrm{N}$

(c) (b) の時の軸力

図 4.10　例題 4.1 の断面

長期：$M_a = \dfrac{1000000 \times 500}{2}\left(1 - \dfrac{4 \times 1000000}{3 \times 500 \times 500 \times 8}\right)$

$\qquad = 83 \times 10^6\,\text{Nmm} = 83\,\text{kNm}$

短期：$M_a = \dfrac{1000000 \times 500}{2}\left(1 - \dfrac{4 \times 1000000}{3 \times 500 \times 500 \times 16}\right)$

$\qquad = 167 \times 10^6\,\text{Nmm} = 167\,\text{kNm}$

終局曲げモーメントは式 4.14 より、

$M_u = \dfrac{1000000 \times 500}{2}\left(1 - \dfrac{1000000}{0.85 \times 500 \times 500 \times 24}\right)$

$\qquad = 201 \times 10^6\,\text{Nmm} = 201\,\text{kNm}$

となる。

問題 4・1

例題 4.1 で軸力が 1500 kN の時の長期・短期許容曲げモーメントと終局曲げモーメントを求めなさい。

問題 4.2

例題 4.1 で式 4.10 〜 4.14 を用いないで、圧縮端から中立軸までの距離を x_n と置いて、軸力の釣合いから x_n を求めて、短期許容曲げモーメントと終局曲げモーメントを求めなさい。

4·3 軸力と曲げを受ける柱

1 鉄筋コンクリート柱の許容曲げモーメント

ここでは、図 4.11 に示したようなコンクリート柱に鉄筋が配置された断面の鉄筋コンクリート柱を考える。ここで、記号を整理しておくと、

D：柱せい

b：柱の幅

a_t：引張側鉄筋断面積

a_c：圧縮側鉄筋断面積（一般に a_t と同じ）

d_t：引張縁から引張側鉄筋の重心までの距離

d_c：圧縮縁から圧縮側鉄筋の重心までの距離
（一般に d_t と同じ）

とする。

柱の応力度分布は、無筋コンクリートの時と同様に、次の二つの場合が考えられる（図 4.12）。

①N が小さく、M が大きい場合、すなわち、$e = \dfrac{M}{N}$ が大きい場合は、中立軸が断面内にあって、引張応力度を生じる部分が存在する（図 4.12 (a)）。鉄筋も圧縮側では圧縮力が、引張側では引張力が働く。

②M が小さく、N が大きい場合は、中立軸が断面外にあって、全断面圧縮となる（図 4.12 (b)）。鉄筋は、すべて圧縮力となる。

部材のどこかが材料の許容応力度に達した時が、許容曲げモーメントになる。

1. 中立軸が断面内

この場合の許容曲げモーメントは、圧縮側コンクリートが先に許容応力度に達するか、引張側の鉄筋が先に許容応力度に達するかのどちらかとなる。

a)圧縮側コンクリートが許容応力度に達する場合

この場合の断面の応力状態は、圧縮側コンクリートの端部の応力度が、許容圧縮応力度 f_c に達し、図

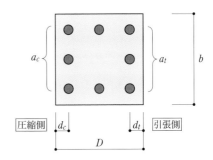

図 4.11　鉄筋コンクリート柱の断面

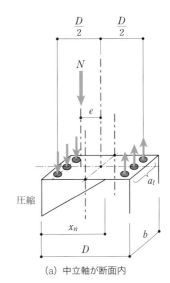

(a) 中立軸が断面内

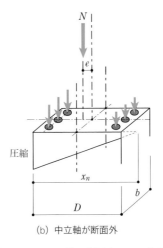

(b) 中立軸が断面外

図 4.12　鉄筋コンクリート柱の断面内のコンクリートの応力度分布と鉄筋に生じる力

4.13(a) の状態になっている。コンクリートの圧縮最外端が許容応力度f_cとすると、圧縮鉄筋の応力度${}_c\sigma_s$と引張鉄筋の応力度${}_t\sigma_s$は、三角形の相似則とヤング係数比nを用いると、図4.13(a)に示したように、

$$
{}_c\sigma_s = n \cdot f_c \frac{x_n - d_t}{x_n} \qquad {}_t\sigma_s = n \cdot f_c \frac{D - x_n - d_t}{x_n} \cdots (4.16)
$$

これらより、コンクリートの圧縮力C_c、鉄筋の圧縮力C_s、引張力Tは次のようになる。

$$
\left.
\begin{aligned}
C_c &= f_c \cdot b \cdot \frac{x_n}{2} \\
C_s &= n \cdot a_t \cdot f_c \frac{x_n - d_t}{x_n} \\
T &= n \cdot a_t \cdot f_c \frac{D - x_n - d_t}{x_n}
\end{aligned}
\right\} \quad \cdots\cdots\cdots\cdots\cdots (4.17)
$$

ここで、中立軸比$x_{n1} = \dfrac{x_n}{D}$、$d_{t1} = \dfrac{d_t}{D}$、鉄筋比$p_t = \dfrac{a_t}{b \cdot D}$とすると、断面の力の釣合いより次式を得る。

$$
\frac{N}{b \cdot D} = f_c \left(\frac{x_{n1}}{2} + n \frac{2 x_{n1} - 1}{x_{n1}} p_t \right)
$$

$$
\frac{M}{b \cdot D^2} = f_c \left\{ \frac{x_{n1}\left(0.5 - \dfrac{x_{n1}}{3}\right)}{2} + n \frac{(1 - 2 d_{t1})^2}{2 x_{n1}} p_t \right\}
$$

$$
\cdots\cdots\cdots\cdots\cdots\cdots (4.18)
$$

b) 引張鉄筋が許容応力度に達する場合

この場合の断面の応力度の分布は、図4.13(b) の状態になっており、断面の力の釣合いよりa)と同様にして次式を得る。

$$
\frac{N}{b \cdot D} = \frac{f_t}{1 - d_{t1} - x_{n1}} \left\{ \frac{x_{n1}^2}{2} + (2 x_{n1} - 1) p_t \right\}
$$

$$
\frac{M}{b \cdot D^2} = \frac{f_t}{1 - d_{t1} - x_{n1}} \left\{ \frac{x_{n1}^2\left(0.5 - \dfrac{x_{n1}}{3}\right)}{2n} + 2(0.5 - d_{t1})^2 p_t \right\}
$$

$$
\cdots\cdots\cdots\cdots\cdots\cdots (4.19)
$$

2. 中立軸が断面外

この断面内には、引張応力度が生じないので、断面の応力度の分布は、図4.13(c)であり、同様にして断面の力の釣合いより次式を得る。

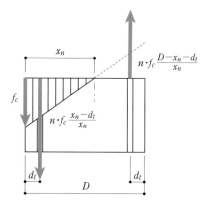

(a) 中立軸が断面内、コンクリートが許容応力度

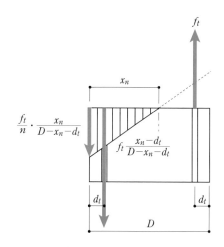

(b) 中立軸が断面内、鉄筋が許容応力度

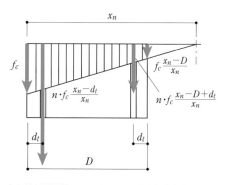

(c) 中立軸が断面外、コンクリートが許容応力度

図4.13 鉄筋コンクリート柱断面の応力度分布状態

$$\frac{N}{b \cdot D} = \frac{f_c}{x_{n1}} (x_{n1} - 0.5)(1 + 2n \cdot p_t)$$

$$\frac{M}{b \cdot D^2} = \frac{f_c}{12 x_{n1}} \left\{ 1 + 24n (0.5 - d_{t1})^2 p_t \right\}$$

$$\cdots\cdots\cdots\cdots\cdots\cdots (4.20)$$

式 4.18 ～ 4.19 から、想定した部材の鉄筋比 p_t と、ある中立軸比 x_{n1} を定めると、その時の軸力 N と許容曲げモーメント M を算定することができる。中立軸が断面端の時の軸力を求め、それより軸力が大きい場合は式 4.20 で求める。軸力が小さい場合は式 4.18、式 4.19 の軸力と許容曲げモーメントの組合せのうち、最小のものが求める値である。これは数値的に解くのは難しい。そこで、与えられた断面の p_t に対して、x_{n1} を変化させてそれぞれの式から M、N を求め、図 4.14 に示したように M、N の相関関係を図化する。これから許容曲げモーメントが最小となるように最小包絡線を描くことにより、ある軸力での柱の許容曲げモーメントが設定できる。

図 4.14 によれば、軸力が 0 からあるところまでは引張鉄筋で許容曲げモーメントが決まる。軸力の増加によって、許容曲げモーメントが増加しており、鉄筋コンクリート柱では軸力を大きく見積もることが安全側になるとは限らないので、注意が必要である。

柱の場合にも、梁と同様に圧縮側コンクリートと引張鉄筋の両方が同時に許容応力度に達する状況がある。この時の圧縮側コンクリートのひずみは $\frac{f_c}{E_c}$、引張側鉄筋のひずみは $\frac{f_t}{n \cdot E_c}$ となるので、図 4.15 のひずみ分布を参考にすると次式を得る。

$$x_{n1b} = \frac{1 - d_{t1}}{1 + \dfrac{f_t}{n \cdot f_c}} \cdots\cdots\cdots\cdots\cdots\cdots (4.21)$$

これは、式 4.18、4.19 の軸力が等しくなる時であるので、両者を等しいとおいて求めることもできる。柱の場合には、中立軸比の値によって釣合い状態が決定する。この中立軸比を釣合中立軸比という。

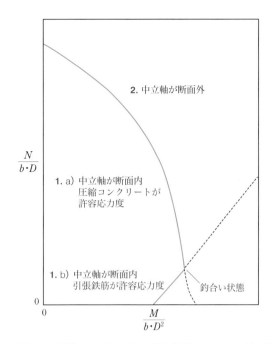

図 4.14　鉄筋コンクリート柱の許容曲げモーメントー軸力関係

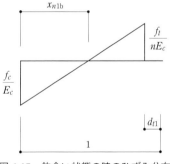

図 4.15　釣合い状態の時のひずみ分布

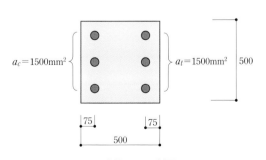

図 4.16　例題 4.2 の断面

x_{n1}	式4.18		式4.19		式4.20	
	$\dfrac{N}{b \cdot D}$	$\dfrac{M}{b \cdot D^2}$	$\dfrac{N}{b \cdot D}$	$\dfrac{M}{b \cdot D^2}$	$\dfrac{N}{b \cdot D}$	$\dfrac{M}{b \cdot D^2}$
2.00	18.16	—	− 45.40	6.23	14.16	0.84
1.98	17.99	− 2.36	− 45.32	5.93	14.11	0.85
1.96	17.83	− 2.22	− 45.25	5.65	14.06	0.86
1.94	17.66	− 2.09	− 45.18	5.36	14.01	0.87
1.92	17.49	− 1.97	− 45.11	5.07	13.96	0.88
1.90	17.32	− 1.84	− 45.06	4.79	13.91	0.89
1.88	17.15	− 1.72	− 45.01	4.51	13.86	0.90
1.86	16.99	− 1.60	− 44.97	4.22	13.80	0.91
1.84	16.82	− 1.48	− 44.93	3.94	13.75	0.92
1.82	16.65	− 1.36	− 44.90	3.67	13.69	0.93
1.80	16.48	− 1.24	− 44.89	3.39	13.64	0.94
1.78	16.31	− 1.13	− 44.88	3.11	13.58	0.95
1.76	16.14	− 1.02	− 44.88	2.84	13.52	0.96
1.74	15.97	− 0.91	− 44.89	2.56	13.45	0.97
1.72	15.80	− 0.80	− 44.91	2.28	13.39	0.98
1.70	15.63	− 0.70	− 44.94	2.01	13.33	0.99
0.16	− 4.84	2.78	− 1.61	0.93	− 40.12	10.54
0.14	− 6.29	3.03	− 1.78	0.86	− 48.55	12.04
0.12	− 8.16	3.38	− 1.93	0.80	− 59.79	14.05
0.10	− 10.72	3.90	− 2.05	0.75	− 75.52	16.86
0.08	− 14.48	4.71	− 2.16	0.70	− 99.12	21.08
0.06	− 20.64	6.11	− 2.25	0.67	− 138.45	28.10
0.04	− 32.80	8.98	− 2.33	0.64	− 217.12	42.15
0.02	− 68.96	17.72	− 2.39	0.61	− 453.12	84.31

例題 4.2

図 4.16 に示したように 500 × 500 mm の断面の鉄筋コンクリート柱に 1000 kN の軸力が作用している。この柱の短期許容曲げモーメントを求めなさい。ただし、コンクリートの許容応力度 $f_c = 16\,\text{N/mm}^2$、鉄筋の許容応力度 $f_t = 345\,\text{N/mm}^2$、ヤング係数比 $n = 15$ とする。

解

式 4.18 〜 4.20 を用いるために各値を算定する。

$$p_t = \frac{1500}{500 \times 500} = 0.006$$

$$d_{t1} = \frac{75}{500} = 0.15$$

これらの値を使って、式 4.18 〜 4.20 の x_{n1} を 0 から 0.02 ずつ 2 まで増大させて表計算プログラムで計算し、これをプロットすると図 4.17 となる。

作用している軸力は 1000 kN であるので、$\dfrac{N}{b \cdot D} = \dfrac{1000000}{500 \times 500} = 4\,\text{N/mm}^2$ となる。これを図 4.17 の縦軸にとり、グラフと交わった点を読み取ると、$\dfrac{M}{b \cdot D^2} = 2.04$ となる。これより、

$$M = 2.04 \times 500 \times 500 \times 500$$
$$= 255 \times 10^6\,\text{Nmm} = 255\,\text{kNm}$$

となる。

$\dfrac{N}{b \cdot D} = 4\,\text{N/mm}^2$ の時は、グラフは式 4.18 で定まっており、中立軸が断面内で、コンクリートの許容応力度で許容曲げモーメントが決まっていることがわかる。

釣合い中立軸比は、

$$x_{n1b} = \frac{1 - 0.15}{1 + \dfrac{345}{15 \times 16}} = 0.349$$

となる。

問題 4.3

例題 4.2 で、軸力が 200 kN、3000 kN の時の短期許容曲げモーメントを求めなさい。また、その時はどの材料で許容曲げモーメントが決まっているか答えなさい。

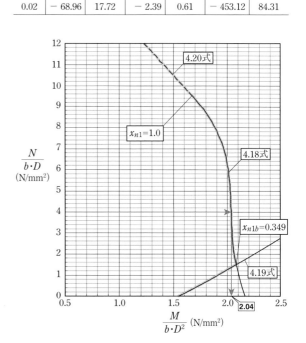

図 4.17　式 4.18 〜 20 の算定結果

2 鉄筋コンクリート柱の終局曲げモーメント

鉄筋コンクリート柱の終局曲げモーメントは、無筋コンクリート柱と同様に、コンクリートの圧縮端のひずみが 0.003 に達した時である。中立軸が断面内にある場合を考えると、ひずみ分布は、図 4.18(a) に示したようになり、その時の応力度分布は図 4.18(b) で、コンクリートの応力度をストレスブロックで示すと図 4.18(c) となる。このうち、断面内のコンクリートの応力度の合力による力のモーメントは無筋コンクリートの場合と同様に考えればよいが、鉄筋は降伏しているかどうかでその応力度が異なる。いま、終局時のひずみ分布を鉄筋のひずみに応じて分けて考えると、図 4.19 に示したように次の 4 つの場合に分けて考えられる。

①引張鉄筋が降伏、圧縮鉄筋は弾性：軸力小
②引張鉄筋、圧縮鉄筋ともに降伏：軸力中位
③引張鉄筋がちょうど降伏、圧縮鉄筋は降伏：釣合い軸力
④引張鉄筋が弾性、圧縮鉄筋は降伏：軸力大

このうち、②③の場合には、圧縮鉄筋と引張鉄筋の合力は同じとなるので、軸力はコンクリートで負担することになる。これは無筋コンクリートの場合と同じであるので、コンクリートによる力のモーメントは軸力 N に応じて式 4.14 で与えられる。鉄筋による力のモーメントは、圧縮鉄筋と引張鉄筋の偶力のモーメントとなるので、これが部材の終局曲げモーメントに対応し、次式で与えられる。

$$M_u = a_t \cdot \sigma_y (D - 2 d_t) + \frac{N \cdot D}{2}\left(1 - \frac{N}{0.85\,\sigma_B \cdot b \cdot D}\right) \cdots (4.22)$$

一般的な柱では、$d_t = 0.1D$ 程度であるので、柱の終局曲げモーメントの略算式として次式がよく用いられる。

$$M_u = 0.8\,a_t \cdot \sigma_y \cdot D + \frac{N \cdot D}{2}\left(1 - \frac{N}{0.85\,\sigma_B \cdot b \cdot D}\right) \cdots (4.23)$$

①④の場合は、鉄筋の応力度を x_n の関数として許容曲げモーメントの場合と同じように算定すること

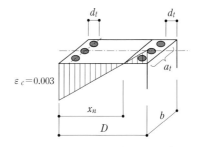

（a）中立軸が断面内の時のひずみ分布

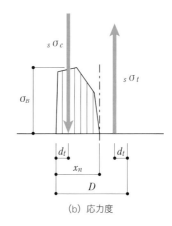

（b）応力度

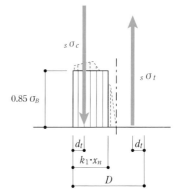

（c）ストレスブロックに置換した応力度

図 4.18　鉄筋コンクリート柱の終局時のひずみと応力度分布

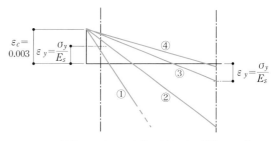

図 4.19　鉄筋コンクリート柱の終局時の鉄筋のひずみ

となる。この時、断面内の力の釣合いが0でなく、軸力Nとして算定する。

　断面が与えられた時、表計算プログラムでx_nをパラメータとすると、鉄筋のひずみ、応力度が定まり、終局曲げモーメントを容易に計算することができる。図4.20は、ある断面の柱について表計算プログラムによって求めたものである。同図中には、略算式である式4.23で求めた値も描かれているが、実用上十分な値となっている。

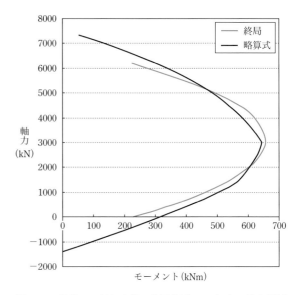

図4.20　鉄筋コンクリート柱の終局曲げモーメント－軸力関係

問題 4.4

例題 4.2 の終局曲げモーメントを求めなさい。また、それは許容応力度に対して、どの程度の値となっているか答えなさい。

4·4 柱の変形

1 断面の曲げモーメント－曲率関係

　鉄筋コンクリート柱の断面の曲げモーメント－曲率関係は、軸力が作用している以外は梁と同様である。軸力と曲げモーメントが作用する時、コンクリートの引張応力度が引張強度以下の時には、弾性状態であり、軸力を N、クラックの入る寸前のコンクリートの最外端の引張応力度を $_cf_t$、コンクリートのヤング係数を E_c とすると、その時のモーメント M_c と曲率 ϕ_c は、鉄筋の効果を無視すると図4.12(a) を参考に次のようになる。

$$\left.\begin{aligned} M_c &= Z \cdot {}_cf_t + \frac{N \cdot D}{b} \\ \phi_c &= \frac{M_c}{E \cdot I} \end{aligned}\right\} \cdots\cdots\cdots\cdots (4.24)$$

　鉄筋やコンクリートが許容応力度に達した時の曲率や、終局時の曲率は、軸力により異なる。そのため、図4.14や図4.20を求めたのと同じように、表計算プログラムで算定したのが図4.21である。軸力が大きいと、短期許容応力度時の曲率と終局時の曲率に差がなくなり、大地震時の変形能力が少ないことがわかる。軸力が小さい場合には、鉄筋の許容応力度で短期許容応力度時の曲率が定まっており、終局までかなりの塑性変形能力が見込まれる。

2 部材の曲げモーメント－回転角関係

　地震時などの水平力を受ける時の柱の曲げモーメントは逆対称分布になることが多く、この場合には、梁と同様に部材の材端のクラックモーメント M_c 時の材端回転角 θ_c を式3.49、降伏モーメント時の材端回転角 θ_y を式3.50で算定することができる。

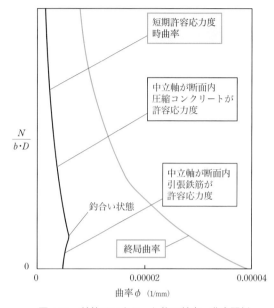

図4.21　鉄筋コンクリート柱の軸力－曲率関係

柱の断面算定と構造規定

1. 断面算定

　柱主筋の計算は、直交する2軸についてそれぞれ独立に、部材の材料が許容応力度以下となるよう鉄筋量を算定する。ある軸力に対する許容曲げモーメントは式4.18〜4.20で算定できるが、高次の方程式となり容易に算定できない。ところが、断面が決まっている時の軸力と許容曲げモーメントの関係は例題4.2のようにわりと容易に描くことができる。そこで、柱の場合にも梁の場合と同様に断面形状（D、b）、使用材料（f_t、f_c）を決め、$\dfrac{d_t}{D} = 0.1$ とした算定図表が用意されていることが多い。図4.22は、(a) が $f_t = 220\,\mathrm{N/mm^2}$、$f_c = 8\,\mathrm{N/mm^2}$、(b) が $f_t = 345\,\mathrm{N/mm^2}$、$f_c = 16\,\mathrm{N/mm^2}$ の時の軸力と許容曲げモーメントの関係を鉄筋比 p_t に応じて描いたものである。

　この図表を用いて、長期荷重時と稀に起こる地震に対する短期（損傷制御）時の主筋断面は、次のような手順で算定することができる。

① 仮定柱断面 b、D によって $\dfrac{N}{b \cdot D}$、$\dfrac{M}{b \cdot D^2}$ を計算し、計算図表の縦軸、横軸にとる。

② 両軸からの垂線の交点より p_t を求める。

③ $a_t = p_t \cdot b \cdot D$ から引張側鉄筋の断面積を求める。

④ 採用する鉄筋径を決め、本数を求める。

⑤ 圧縮側も、引張側と同じく対称に入れる。

2. 構造規定

　計算結果と並行して、設計にあたっては、以下の点を満足する必要がある。

① 地震時に、曲げモーメントが特に増大するおそれのある柱では、短期軸方向力を柱のコンクリート全断面積で割った値が、$\dfrac{1}{3}$ F_c 以下となることが望ましい。

② 柱の最小径は、鉄筋コンクリート柱では、主要支点間距離の $\dfrac{1}{15}$ 以上とし、鉄筋軽量コンクリート

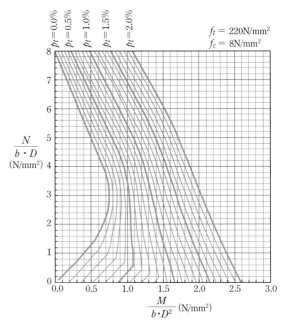

(a) 長期許容曲げモーメント−軸力関係

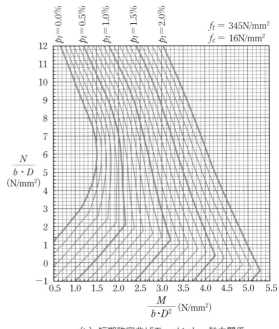

(b) 短期許容曲げモーメント−軸力関係

図4.22　柱の断面算定図表

柱では、$\frac{1}{10}$ 以上とすることが設計上好ましい。

③全主筋の鉄筋比 p_g は 0.8% 以上とする。この場合のコンクリート断面積は、断面算定の際に仮定した必要断面積で、設計時に付加した断面積は算入しない。

④主筋は、D13 以上、かつ、4 本以上とし、帯筋により相互に連結する。

⑤主筋の空きは、25 mm 以上、かつ、異形鉄筋の径（呼び名の数値 mm）の 1.5 倍以上とする。

断面算定は、x, y それぞれの方向で独立に算定する。地震力のような短期に作用する力による曲げモーメントで断面の鉄筋が決定する時には、4 隅の鉄筋はそれぞれの方向に全断面が有効と考えて良いが、長期荷重の曲げモーメントで鉄筋量が決まる時には、4 隅の鉄筋には両方向から同時に力を受けることになるので、この場合には断面の $\frac{1}{2}$ ずつがそれぞれの方向に効くと考えることが多い。正確には、2 方向曲げを考慮した断面算定を行う必要がある。

例題 4.3

図 4.23 に示す 500 × 500 mm の断面の柱が図 4.24 に示したような力を受ける時の長期と短期（損傷性）の性能を検証せよ。コンクリートの $F_c = 24$ N/mm²、使用鉄筋は SD345、D25 とする。

表 4.1 に示すようになり、各方向とも長期、地震時（短期の損傷性）に作用する曲げモーメントより許容曲げモーメントが上回っている。

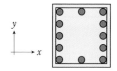

図 4.23　例題 4.3 の柱断面（12D-25）

表 4.1　例題 4.3 の柱配筋検定表

柱記号		$_1C_1$	
方向		x	y
配筋	断面	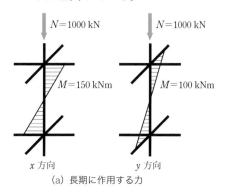	
	配筋	5-D25	3-D25
	配筋（mm²）	2535	1521
長期	N（kN）	1000	
	M（kNm）	150	100
地震時	N（kN）	± 300	0
	M（kNm）	± 150	± 150
短期	N（kN）	1300	700	1000
	M（kNm）	300	250
断面	$b \cdot D$（mm）	500 × 500	
	$b \cdot D$（× 10³）	250	
	$b \cdot D^2$（× 10⁶）	125	
	p_t（%）	1.01	0.61
長期	$\dfrac{N}{b \cdot D}$（N/mm²）	4.00	
	$\dfrac{M}{b \cdot D^2}$（N/mm²）	1.26	1.01
	M_a（kNm）	158	126
短期	$\dfrac{N}{b \cdot D}$（N/mm²）	5.20	2.80	4.00
	$\dfrac{M}{b \cdot D^2}$（N/mm²）	2.80	2.30
	M_a（kNm）	350	288
判定	長期	OK	OK
	短期	OK	OK

（備考欄）
- 図 4.24(a) から
- 図 4.24(b) から
- 長期±水平荷重時軸力
- 長期＋水平荷重時モーメント
- 仮定断面
- あとの算定のために計算しておくとよい
- 図 4.22(a) の図表の縦軸
- 図 4.22(a) の図表より
- 図 4.22(a) の図表より
- 図 4.22(b) の図表を使い、2 つの軸力のうち、小さくなるほうの組合せ
- 作用モーメントと許容モーメントの比較

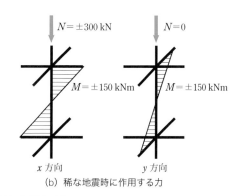

（a）長期に作用する力　　　（b）稀な地震時に作用する力

図 4.24　例題 4.3 の部材に作用する力

例題 4.3 の配筋された断面のうち、4隅の鉄筋は
長期荷重時には各方向に半分ずつ抵抗すると仮
定して、断面の検定を行いなさい。

Break Time

柱の場合、梁に比べ軸力が作用する分だけさら
に、部材に作用する曲げモーメントと断面の応力
度の合力による力のモーメントの関係が理解しに
くいかもしれない。これは以下のように考えると
理解しやすいと思う。

図1に示した長さ l の片持ち部材の b 点に鉛直荷
重 P と水平荷重 N を受けると、固定端である a 点
にはモーメント反力 $M = P \cdot l$ が生じる。固定端の
条件は、水平鉛直変形と回転の固定なので、これ
を図2のように j だけ離れた c、d 点でローラーと
ピンに支持された静定構造に置き換えてみる。

この静定構造において、各力の方向を矢印の向
きとして鉛直方向の力の釣合いから、ピン支持点
の鉛直反力 Q は $-P$ となる。一方、水平方向反力
を求めるため、d 点のモーメントの釣合いを考え
ると、$P \cdot l - T \cdot j - \dfrac{N \cdot j}{2} = 0$ より、$T = \dfrac{P \cdot l}{j} - \dfrac{N}{2}$
となる。鉛直方向の力の釣合いから d 点の水平反
力 $C = -T + N = \dfrac{P \cdot l}{j} + \dfrac{N}{2}$ となるが、c 点のモ
ーメントの釣合いからも、$C = \dfrac{P \cdot l}{j} + \dfrac{N}{2}$ となる。
反力の重心位置を求めると、反力の合力は $-N$ で
あるので、バリニオンの定理を用いて d 点のモー
メントを考える。断面中央から合力位置までを e
と置くと、$-T \cdot j = N\left(\dfrac{j}{2} - e\right)$ となり、これに $T =$
$\dfrac{P \cdot l}{j} - \dfrac{N}{2}$ を代入すると、$-\left(\dfrac{P \cdot l}{j} - \dfrac{N}{2}\right)j =$
$N\left(\dfrac{j}{2} - e\right)$ となり、$P \cdot l = N \cdot e$ となる。これより、e
$= \dfrac{P \cdot l}{N}$ となる。これは、軸力とモーメントが作用
する時の反力の重心位置が断面中心から e だけず
れた位置に生じることを示しており、材軸上にモ
ーメントと軸力が作用する代わりに、図3に示し

たように、軸力が e だけずれた位置に作用しても
同じになることを示している。

このように柱には軸力が作用しており、断面の
圧縮力と引張力は同じ大きさにならないので、断
面に生じる応力度の合力による力のモーメントは、
偶力のモーメントにならず、断面位置によって異
なる値になる。このため柱では、軸力が断面中心
に作用し、断面に生じる応力度の合力による力の
モーメントは、断面中心軸における力のモーメン
トで表すことになっている。

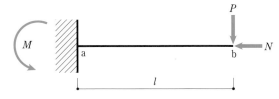

図1 片持ち部材に作用する力と反力のモーメント

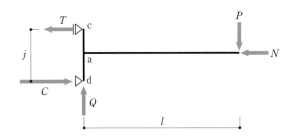

図2 静定構造に置換した片持ち部材に作用する力と反力

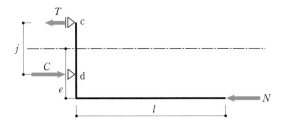

図3 静定部材に置換した片持ち部材に偏心して作用する
力と反力

5章

せん断を受ける部材

5

5・1 せん断を受ける部材

せん断力は部材を材軸に直角方向にずらす力で、要素をひし形に変えようとする力である。純粋なせん断力を受けると、図5.1に示したように対角方向に引張力が、その直交方向に圧縮力が発生する。構造力学では、せん断応力度をこのように垂直応力度に置き換えたものを主応力と呼んだ。モールの応力円を用いることで簡単に算定することができる。

いま、図5.2(a)に示したような単純梁の中央部に集中荷重が作用する場合を考えると、部材に生じる曲げモーメントとせん断力の分布は図5.2(b)(c)に示したようになる。曲げモーメントによって部材の断面に生じる垂直応力度は、材軸に直交方向に生じ、上下端で最大、中央で0となる。

一方、せん断力によって生じる材軸方向のせん断応力度は、図5.2(d)に示したように、曲げモーメントによって部材の断面に生じる垂直応力度の微小部分の左右の合力の差 dN を dx 区間の面積 $b \cdot dx$ で割ったものとして与えられ、中立軸から y の位置のせん断応力度は次式で与えられる。

$$\tau = \frac{Q}{b \cdot I} \int_{y}^{\frac{h}{2}} y \cdot dA \quad \cdots\cdots\cdots\cdots\cdots (5.1)$$

これは、図5.2(c)に示したように、これらの応力度の組合せによる主応力度を求め、同じ大きさのところを結んだ主応力線で表すと図5.3に示したようになる。この部材が鉄筋コンクリート構造だとすると、コンクリートは引張力に対して極めて弱いので、引張主応力線に直交するように(圧縮主応力線に沿って)クラックが生じることになる。図5.4は、実際の鉄筋コンクリート梁を破壊まで加力した結果を示したものである。図5.4(b)の試験体は、図5.3の圧縮主応力線(破線)と相似のクッラクパターンとなり、最終的には、大変形の後、曲げモーメントの大きい中央の上部コンクリートの圧壊で破壊してい

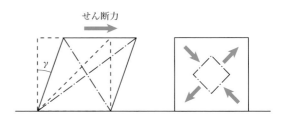

図5.1　せん断力を受ける断面に生じる力

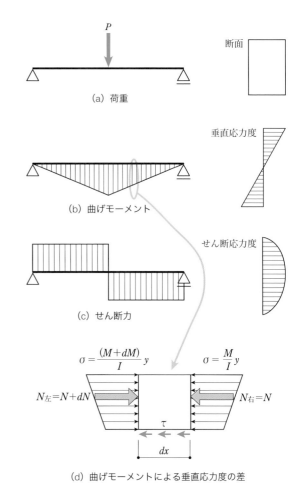

図5.2　集中荷重を受ける単純梁に生じる力と応力度

る。図5.4(a) の試験体は、部材の右側に45°方向の大きなクラックが生じ、曲げ耐力に達する前に破壊し、急激に耐力が低下した。これは、この部分に曲げ補強筋である主筋以外の鉄筋がなく、コンクリートに斜めクラックが入ると同時に破壊を示し、変形がほとんどなく急激に耐力が低下したものであり、せん断破壊と呼ぶ。これは、建築物の倒壊の原因となるので、こうした破壊が起こらないようにすることが、設計の重要なポイントである。

これに対する補強がせん断補強であり、梁ではあばら筋、柱では帯筋という。これらは、荷重がどちらから作用しても働くように、主筋に対して直角に用いて補強する。

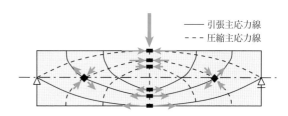

——— 引張主応力線
---- 圧縮主応力線

図5.3　集中荷重を受ける単純梁の主応力線

せん断クラックが拡がって破壊した

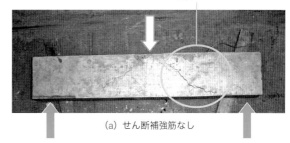

（a）せん断補強筋なし

せん断クラックが見られるが、せん断補強筋があるのでクラックは拡がらず、せん断破壊していない

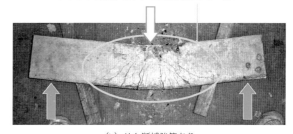

（b）せん断補強筋あり

図5.4　集中荷重を受ける RC 単純梁の破壊

Break Time

式5.1を導いてみよう。

図5.2(d)を参考に、

$$dN = \int_{y}^{\frac{h}{2}} \frac{dM}{I} \, dA$$

また、$\tau \cdot dx \cdot b = dN$ であるので、

$$\tau \, dx \cdot b = \int_{y}^{\frac{h}{2}} \frac{dM}{I} \, y \cdot dA$$

両辺を $dx \cdot b$ で割ると $\frac{dM}{dx} = Q$ であるので、この場合 Q は一定値であり、

$$\tau = \frac{Q}{b \cdot I} \int_{y}^{\frac{h}{2}} y \cdot dA$$

となり、式5.1が求まる。

5·2 せん断耐力

1 せん断クラック耐力

コンクリートのクラック前は、部材は弾性状態にあり、構造力学の弾性論で求まる図5.2に示したように垂直応力度分布・せん断応力度分布となる。これらの組合せによる引張主応力がコンクリート引張強度を超えた時、クラックが生じることになる。一般には、曲げによる垂直応力の引張主応力が大きいので、最初に曲げクラックが生じる。鉄筋コンクリート構造では、曲げによる垂直応力度に対するコンクリートの引張力は最初から無視して、そのかわりに主筋が配置されており、曲げクラックが生じた後は、鉄筋が引張力に対して抵抗する。この時の曲げモーメントによる微小部分の左右の垂直応力度は図5.5(a) のようになり、その差として求められるせん断応力度の分布は図5.5(b) のように、圧縮力の作用する部分では放物線となり、クラック領域では一定値となる。このせん断応力度は、引張鉄筋に付着として伝わり、鉄筋の引張応力度の差が生じる。

鉄筋の引張応力度の合力を T、$T + dT$、コンクリートの圧縮応力度の合力を C、$C + dC$、応力中心距離を j と置くと、曲げモーメントとこれら合力の関係は、

$$\left.\begin{array}{l} M = T \cdot j = C \cdot j \\ M + dM = (T + dT)j = (C + dC)j \end{array}\right\} \quad \cdots\cdots\cdots (5.2)$$

これより、

$$dM = dT \cdot j \cdots\cdots\cdots\cdots\cdots\cdots\cdots\cdots\cdots\cdots\cdots\cdots (5.3)$$

として与えられる。一方、中立軸より下の任意の位置で切断した時の断面の力の釣合いは、切断面のせん断応力度を τ、梁幅を b とすると、

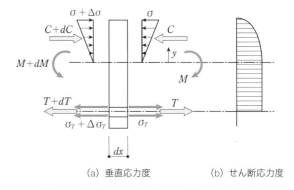

(a) 垂直応力度 　　(b) せん断応力度

図 5.5　曲げクラックの入った断面の応力度分布

$$T + dT = \tau \cdot b \cdot d_x + T \quad \cdots \cdots \cdots \cdots \cdots \cdots (5.4)$$

式 5.3、5.4 より、

$$\tau = \frac{dT}{b \cdot dx} = \frac{dM}{dx \cdot b \cdot j} = \frac{Q}{b \cdot j} \quad \cdots \cdots \cdots \cdots (5.5)$$

せん断応力度の断面内の分布形は、中立軸より下側では一定値で、図5.5(b) のようになる。式5.5で求まるせん断応力度による最大引張主応力とコンクリートの引張強度を比較して、せん断クラック耐力の検討を行うことになる。

2　せん断終局耐力

1. アーチ機構

断面に生じるせん断応力度による最大引張応力度が、コンクリートの引張応力度を超えると、コンクリートのせん断クラックが生じ、その断面に鉄筋のない場合には、一般的にはせん断破壊する。ところが、スパンの短い単純梁の場合には、図5.6 に示したように、コンクリートの圧縮束によるアーチが部材内に形成され、横に広がろうとする力を主筋が負担して抵抗する。また、地震力などの水平力を受けた時の短スパンの梁は、図5.7 に示したように、コンクリートの圧縮束が斜めに形成され、主筋を引張材、コンクリート束を圧縮材として抵抗することが可能である。これらの抵抗機構をアーチ機構とよび、この終局耐力は、このコンクリート圧縮束が、クラックによって損傷を受けた時の耐力に達した時か、主筋との付着（7章参照）が切れて、抵抗機構が維持できなくなった時である。アーチ機構は、スパンが長くなると、その効果はなくなる。

2. トラス機構

せん断補強筋を有する梁のせん断クラックが生じた後のせん断抵抗は、せん断補強筋と主筋とで引張に抵抗し、コンクリートが圧縮に抵抗する。図5.8 に示したように、せん断補強筋とコンクリートと主

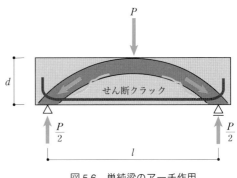

図5.6　単純梁のアーチ作用

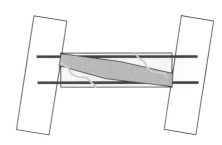

図5.7　水平力を受ける短スパン梁のアーチ機構

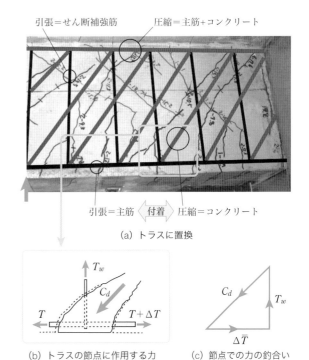

(a) トラスに置換

(b) トラスの節点に作用する力　　(c) 節点での力の釣合い

図5.8　トラスモデル

筋とでトラスを形成して抵抗すると考える。これを
トラス機構という。トラス機構による力の伝達は、
図5.8(c) に示したような力の釣合いで考えられる。

　この時の、抵抗機構としての耐力は、

　①せん断補強筋に作用する引張力 T_w が、耐力に
　　達する

　②コンクリートに作用する圧縮力 C_d が、耐力に達
　　する

　③コンクリートと主筋の付着力 ΔT が、耐力に達
　　する

のどれかである。①の場合は、せん断補強筋が耐力
に達しても、その強度は維持できるため、一般的に
は、②のコンクリートの圧縮力が耐力に達した時が、
終局せん断耐力となる。

　いま、単純梁に 45° のせん断クラックが生じてい
る時に、そのクラック面で切断して取り出すと、図
5.9 に示したようになる。トラスの下弦材は引張鉄
筋 T であり、上弦材は圧縮コンクリート C_c と圧縮鉄
筋 C_s の合力 C あり、両者の距離は曲げモーメント算
定時に定義した応力中心距離 j となる。切断面は
45° であり、切断面の水平長さは j となるので、せん
断補強筋の間隔を x とすると、切断面に $n = \dfrac{j}{x}$ 組の
せん断補強筋があることになる。1組のせん断補強
筋の断面積を a_w、補強筋の降伏強度を σ_{wy} とし、せ
ん断補強筋が降伏しているとしてこの系の鉛直方向
の力の釣合いを考えると、

$$Q = n \cdot a_w \cdot \sigma_{wy} \cdots\cdots\cdots\cdots\cdots (5.6)$$

　いま、図5.10に示したようにせん断補強筋比 p_w を、
せん断クラックに抵抗する方向のコンクリート面積
で徐した値として、$p_w = \dfrac{a_w}{b \cdot x}$ と定義すると、式5.6
は、

$$Q = b \cdot j \cdot p_w \cdot \sigma_{wy} \cdots\cdots\cdots\cdots\cdots (5.7)$$

となる。これは、全補強式と呼ばれ、トラス機構と
しての耐力が、せん断補強筋で決まる時の最も単純
な耐力を算定する式となり、せん断強度は補強鉄筋

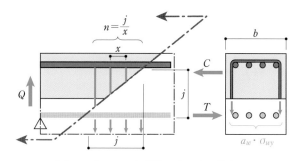

図5.9　トラスの切断法による力の釣合い

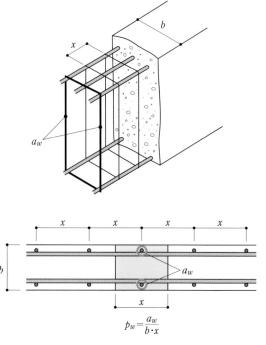

図5.10　せん断補強筋比の定義

量に比例することになる。補強筋量がある程度大きくなるとせん断耐力は②に示すコンクリートで決まることになるので式5.7で求まる耐力には上限があることになる。実際のトラス機構では、柱の軸力や梁においてもアーチ作用による鉛直応力度の増大などの影響により、切断面が45°にならないことや、せん断や曲げクラックによりコンクリートの圧縮強度が低下することなどがあり、この全補強式が単純に適用できるわけではない。

コンクリートの圧縮強度の、シリンダーの圧縮強度からの低減は、コンクリート強度や部材の変形角 R の関数として、次式で与えられる。

$$\sigma_c = \nu \cdot \sigma_B \qquad \nu = \left(0.7 - \frac{\sigma_B}{200}\right)\cdot(1 - 20\,R) \cdots (5.8)$$

これらを考慮して、せん断補強筋の降伏後に斜材のコンクリートが圧縮強度に達した時の力の釣合いからせん断耐力を求めると、

$$Q_u = b \cdot j \sqrt{p_w \cdot \sigma_{wy}\,(\nu \cdot \sigma_B - p_w \cdot \sigma_{wy})} \quad \cdots\cdots (5.9)$$

となる。これをせん断補強筋比とせん断耐力の関係で示すと、図5.11に示した実線のようになる。せん断補強筋比がある値 $\left(\dfrac{\nu \cdot \sigma_B}{2}\right)$ を超えると、逆に低下するが、これは、式5.9がせん断補強筋が降伏していることを前提に導いているためである。この補強筋比を超えると、せん断補強筋が降伏する前に、コンクリートの圧縮耐力でせん断耐力が決まる。この鉄筋比以下においては水色の1点鎖線で示した全補強式に比べ、大きな値となっている。この曲線を図中の破線のように直線近似したものが、トラス機構のせん断耐力式として用いられることもある。

部材のせん断耐力は、このトラス機構の耐力に、アーチ機構の耐力を加味したものになるが、両者が複合した時のコンクリートの圧縮耐力などにまだ明確な答えは出ておらず、実際の設計においては、多くの実験結果から導かれた設計式が、主に使われている。

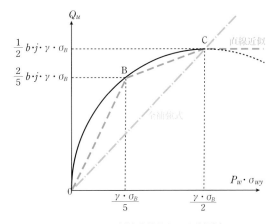

図5.11　せん断補強筋比とせん断耐力

Challenge
式5.9を導いてみよう。

3. せん断強度の実験式

1971 年の RC 規準改定時に、国内外で行われた実験資料約 1200 個のせん断ひび割れ強度 $\tau_c (= \dfrac{Q_c}{b \cdot j}$：単位 kgf/cm²)、終局せん断耐力をせん断応力度 τ_u $(= \dfrac{Q_u}{b \cdot j}$：単位 kgf/cm²) で示し、試験スパン内の最大曲げモーメント M と最大せん断力 Q の比を d で除した値 $\dfrac{M}{Q \cdot d}$ との関係で示した図 5.12 から、せん断ひび割れ強度の下限値 $\tau_{c \min}$、終局せん断強度の下限値 $\tau_{u \min}$ の実験式として次式が示された。

$$\tau_{c \min} = k_c (500 + \sigma_B) \frac{0.085}{\dfrac{M}{Q \cdot d} + 1.7}$$

$$\tau_{u \min} = k_u \cdot k_p (180 + \sigma_B) \frac{0.12}{\dfrac{M}{Q \cdot d} + 0.12} + 2.7 \sqrt{p_w \cdot {}_w\sigma_y}$$

$$\cdots\cdots\cdots\cdots\cdots\cdots (5.10)$$

ここで、

$\quad \sigma_B$：コンクリートの圧縮強度（kgf/cm²）

$\quad {}_w\sigma_y$：あばら筋の降伏強度（kgf/cm²）

$\quad p_w$：あばら筋比 $\left(= \dfrac{a_w}{b \cdot x}\right)$

$\qquad\qquad a_w$：1 組のあばら筋断面積

$\qquad\qquad x$：あばら筋間隔

$\quad k_c、k_u$：断面寸法による補正係数

$\quad k_p$：引張鉄筋比 p_t（%）による補正係数

式 5.10 によると、せん断クラック耐力はコンクリートによる耐力で、せん断終局耐力の第 1 項はコンクリートによる耐力を、第 2 項はせん断補強筋による耐力を示している。コンクリートによる耐力は $\dfrac{M}{Q \cdot d}$ が小さいと大きくなり、これはアーチ機構による耐力分と考えられる。一方、せん断補強筋による耐力は、$p_w \cdot {}_w\sigma_y$ の平方根に比例しており、トラス機構モデルより導かれた式 5.9 と協調性がある。日本建築学会の『鉄筋コンクリート構造計算規準、同解説　2018』（以下 RC 規準と記す）では、これを実用的な範囲での近似式として簡略化し、コンクリートの圧縮強度 σ_B の代わりに設計基準強度 F_c を用い、SI 単位系に換算した次式を示している。

$$\tau_{c \min} = \alpha_c \left(0.49 + \frac{F_c}{100}\right)$$

$$\tau_{u \min} = \alpha_u \left\{1.5 \left(0.49 + \frac{F_c}{100}\right) - 0.41\right\}$$

$$+ 0.29 + 0.5 \, p_w \cdot {}_w\sigma_y$$

$$\cdots\cdots\cdots\cdots\cdots\cdots (5.11)$$

ここで、

$$\alpha_c = \frac{4.7}{\dfrac{M}{Q \cdot d} + 1.7} \qquad \alpha_u = \frac{3.12}{\dfrac{M}{Q \cdot d} + 0.12}$$

式 5.11 の $\left(0.49 + \dfrac{F_c}{100}\right)$ と $1.5 \left(0.49 + \dfrac{F_c}{100}\right)$ が、RC 規準のコンクリートのせん断に対する長期と短期の許容応力度となっている。

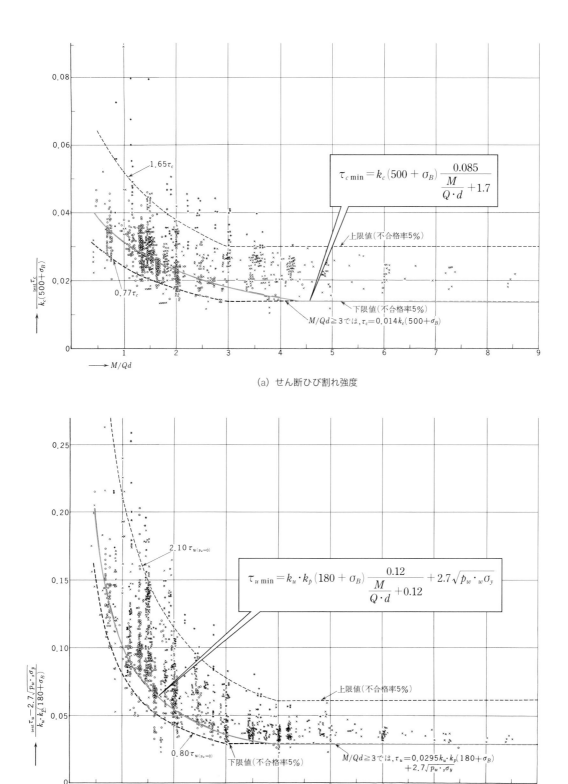

$$\tau_{c\,\min} = k_c(500 + \sigma_B)\frac{0.085}{\dfrac{M}{Q \cdot d} + 1.7}$$

(a) せん断ひび割れ強度

$$\tau_{u\,\min} = k_u \cdot k_p(180 + \sigma_B)\frac{0.12}{\dfrac{M}{Q \cdot d} + 0.12} + 2.7\sqrt{p_w \cdot {}_w\sigma_y}$$

(b) せん断終局強度

図 5.12　せん断耐力の実験値（鉄筋コンクリート規準より）

（出典：日本建築学会『鉄筋コンクリート構造計算規準・同解説』2018、pp.162-163 に加筆）

5·3 せん断に対する設計と構造規定

　部材がせん断破壊すると、急激に耐力を失い、建築物の崩壊につながることが多い。特に柱の場合、それより上の床荷重を支えきれなくなり、崩壊して人命にかかわる恐れがある（図 5.13）。そのため部材は、巨大地震などの予想外の荷重が作用しても、せん断破壊しないように安全性の検証に重点を置いた設計が行われている。一般に、長期荷重に対しては使用性の維持の検討、短期荷重に対しては修復性、安全性の検討をして断面算定を行う。鉄筋コンクリート構造計算規準では以下のように算定している。

1　設計用せん断力

　長期荷重時、稀に生じる地震時（短期：損傷制御）、極めて稀に生じる地震時（短期：安全性）のそれぞれの状態に対して作用する力を求める。安全性の検討では、予想外の荷重に対して、鉄筋コンクリート部材が万が一破壊するとしても、せん断破壊ではなく曲げ破壊するように、設計用せん断力を定める。
①長期荷重時の設計用せん断力 Q_D

$$Q_D = Q_L \cdots\cdots\cdots\cdots\cdots\cdots\cdots\cdots\cdots\cdots (5.12)$$

　　Q_L：設計する梁、柱の長期荷重によるせん断力
②稀に生じる地震時の設計用せん断力 Q_D

$$Q_D = Q_L + Q_E \cdots\cdots\cdots\cdots\cdots\cdots\cdots\cdots (5.13)$$

　　Q_E：設計する梁、柱の地震力によるせん断力
③極めて稀に生じる地震時の設計用せん断力 Q_D

1. 梁
　梁端部が曲げモーメントに耐えられなくなる以前に、せん断破壊を生じさせないようなせん断力を求める。この時の曲げモーメントを降伏曲げモーメン

図 5.13　兵庫県南部地震でせん断破壊した 1F 柱
（提供：大野義照）

Point　せん断に対する設計

　いつどこにどのような大きさの地震が来るかわからないので、建物の崩壊につながるような破壊は避けなければいけない。部材がせん断破壊すると、急激に耐力を失い建築物の崩壊につながることが多い。とくに柱の場合、それより上の床荷重を支えきれなくなり、崩壊して人命にかかわる恐れがある。

　巨大地震などの予想外の力が作用して鉄筋コンクリート部材が万が一破壊するとしても、せん断では破壊しないように、安全性の検証に重点を置いて設計する。許容応力度設計においても、せん断に対する短期設計は安全性の検証を行うことになっている。この安全性の検証を行った場合、稀に生じる地震時（短期：損傷制御）の検討は行わなくてもよいことになっている。

ト M_y といい、梁の場合、以下の式で求めることができる。

$$M_y = 0.9 \cdot a_t \cdot f_t \cdot d \quad \cdots\cdots\cdots\cdots\cdots (5.14)$$

ここで、

a_t：引張鉄筋断面積

f_t：鉄筋の短期許容応力度

この時、l を梁の内法スパンとすると、Q_D は図 5.14 を参考に次式となる。

$$Q_D = Q_L + \frac{\sum M_y}{l} \quad \cdots\cdots\cdots\cdots\cdots (5.15)$$

Q_L：単純梁に対する長期荷重によるせん断力

2. 柱

柱の設計用せん断力は、柱の内法高さを h' とすると、次式による。

$$Q_D = \frac{\sum M_y}{h'} \quad \cdots\cdots\cdots\cdots\cdots\cdots (5.16)$$

ここで、$\sum M_y$ は、図 5.15 に示したように柱脚の柱自身の降伏曲げモーメントと、柱頭の柱自身の降伏曲げモーメントと、柱に取り付く梁の降伏曲げモーメントの絶対値の和の $\frac{1}{2}$ のうち、小さいほうの曲げモーメントの和とする。柱の降伏曲げモーメントは、次式によって求める。

$$\left.\begin{array}{l} M_u = 0.8\, a_t \cdot \sigma_y \cdot D + 0.5 N \cdot D \left(1 - \dfrac{N}{b \cdot D \cdot F_c} \right) \\[4pt] \qquad N \leqq 0.4\, b \cdot D \cdot F_c \\[6pt] M_y = 0.8\, a_t \cdot \sigma_y \cdot D + 0.12 b \cdot D^2 \cdot F_c \\[4pt] \qquad N \leqq 0.4\, b \cdot D \cdot F_c \end{array}\right\} \cdots (5.17)$$

短期（安全性）設計用せん断力 Q_D は式 5.18 によってもよい。

$$Q_D = Q_L + n \cdot Q_E \quad \cdots\cdots\cdots\cdots\cdots (5.18)$$

n：地震力に対するせん断割増し係数で、部材のせん断破壊を防ぐための安全率。1.5 以上（低層建築物の場合は 2.0 以上）とする。

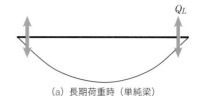

(a) 長期荷重時（単純梁）

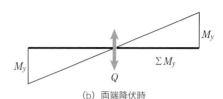

(b) 両端降伏時

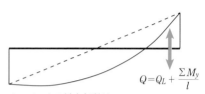

モーメントの最大勾配が
設計用せん断力

(c) 設計用せん断力

図 5.14　梁の設計用せん断力

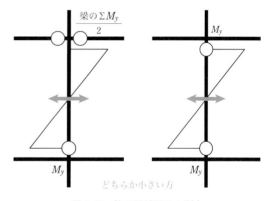

どちらか小さい方

図 5.15　柱の設計用せん断力

2 鉄筋コンクリート部材の許容せん断力

許容せん断力は、せん断破壊に対する数多くの実験結果から安全側の算定式として得られた式5.11を元に、柱・梁それぞれに対し、長期荷重時、稀に生じる地震時（短期：損傷制御）、極めて稀に生じる地震時（短期：安全性）のそれぞれの状態に対して、コンクリートの抵抗分と補強筋の効果分を合わせた次式で求める。

①長期荷重時

$$Q_{AL} = b \cdot j \cdot \alpha \cdot f_s \quad \cdots\cdots\cdots\cdots\cdots\cdots (5.19)$$

梁の長期荷重によるせん断ひび割れを許容する場合

$$Q_{AL} = b \cdot j \left\{ \alpha \cdot f_s + 0.5\,_w f_t \, (p_w - 0.002) \right\} \cdots (5.20)$$

②稀に生じる地震時（損傷制御）

$$Q_{AS} = b \cdot j \left\{ \frac{2}{3} \alpha \cdot f_s + 0.5\,_w f_t (p_w - 0.002) \right\} \cdots (5.21)$$

③極めて稀に生じる地震時（安全性）

$$梁 : Q_A = b \cdot j \left\{ \alpha \cdot f_s + 0.5\,_w f_t (p_w - 0.002) \right\} \cdots (5.22)$$

$$柱 : Q_A = b \cdot j \left\{ f_s + 0.5\,_w f_t (p_w - 0.002) \right\} \quad \cdots\cdots (5.23)$$

ここで、

b：梁幅（T形梁の場合はウェブ幅）、柱幅

j：応力中心距離（$= \frac{7}{8} d$　d：部材の有効せい）

f_s：コンクリートの許容せん断応力度

$_w f_t$：せん断補強筋のせん断用許容引張応力度
（式5.21では390 N/mm² 以下）

p_w：せん断補強筋比$\left(= \dfrac{a_w}{b \cdot x} \right)$

　　　　a_w：1組のせん断補強筋断面積

　　　　x：せん断補強筋間隔

式5.20では p_w は0.6%、式5.21〜5.23では1.2%を超える値を用いることはできない。

$$\alpha = \frac{4}{\dfrac{M}{Q \cdot d} + 1} \quad かつ \quad 1 \le \alpha \le 2$$

αはアーチ機構（図5.6、5.7）によってコンクリートで抵抗できる耐力に応じた割増し係数である。極めて稀に生じる安全性の検討時の柱には、この割り増しが含まれていないことに注意が必要である。これは、柱の場合長期のせん断力が小さく、地震力によるせん断クラックがX型に生じる。このクラックは、地震時に繰り返し変形を受けるため、損傷が大きくなる。この時のアーチによる抵抗は、このクラックを超えて伝わる必要があるが、それはあまり期待できないということでαの割増し分が認められていない。梁の場合は、長期のせん断力が大きく、せん断クラックは一方向にしか生じないので、極めて稀に生じる安全性の検討時にもαの割増しが認められている。

$$(\text{式 5.21 の柱では } 1 \leqq \alpha \leqq 1.5)$$

$\dfrac{M}{Q \cdot d}$：せん断スパン比

α を求める時の M と Q は、長期応力時の曲げモーメント M_L とせん断力 Q_L、地震力による曲げモーメント M_E とせん断力 Q_E を用いて、次のようにする。

①長期荷重時　$Q = Q_L$、$M = M_L$

②短期（損傷制御）時

$$Q = Q_L + Q_E、M = M_L + M_E$$

③短期（安全性）時

　　　式 5.18 による場合　　②と同じ

　　　終局曲げモーメントによる場合

$$Q = Q_D、M = M_y$$

3　せん断補強筋の算定

あばら筋の算定は、一般的には長期荷重時と極めて稀に生じる地震時（安全性）の設計用せん断力に対して、図 5.16 のフローによればよい。設計用せん断力を式 5.18 で求め、式 5.19 ～ 5.23 のうちコンクリートに関する項のみでせん断耐力が足りるかどうかの検定を行い、不足する場合に式 5.15、5.16 で設計用せん断力を精算して求め、コンクリートで負担できない不足分をせん断補強筋で補うものとして、せん断補強筋量を算定する。こうして求めたせん断補強筋を有する部材は、一般的には、稀に生じる地震時（短期：損傷制御）の必要せん断補強筋量を満足するので、別途算定する必要はない。極めて稀に生じる地震時（安全性）の検討を、建物の終局耐力にもとづいて別途検討した場合には、ここで示した短期（安全性）の検討は必要なく、短期（損傷制御）の検討を行うことになる。

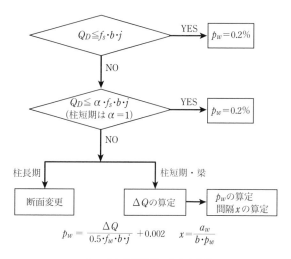

$$p_w = \dfrac{\Delta Q}{0.5 \cdot f_w \cdot b \cdot j} + 0.002 \qquad x = \dfrac{a_w}{b \cdot p_w}$$

f_w：せん断補強筋の許容応力度
a_w：1組のせん断補強筋の断面

図 5.16　せん断補強筋の算定フロー

4　構造規定

せん断補強筋に関して以下に示す構造規定がある。
①補強筋は、D10 以上、または ϕ 9 mm 以上とする。
②補強筋比は 0.2 ％以上とする。

③補強筋は主筋を包含し、内部のコンクリートを十分拘束するように配置し、末端は 135° 以上に曲げるか、相互に溶接する。

④梁あばら筋の間隔は、$\dfrac{D}{2}$ かつ 250 mm 以下とする。

⑤柱帯筋の間隔は、D10、ϕ 9 の場合は 100 mm 以下、それ以外では 150 mm 以下とする。

例題 5.1

図 5.17 に示す RC 単純梁に荷重 P が増大して破壊する時に、せん断破壊するかどうかを検討しなさい。

解

①梁の下端鉄筋に対する有効せい

$$d = 650 - \left(40 + 10 + \frac{25}{2} + 22 \times 2.5 \times \frac{2}{4+2} \right)$$

$$= 569.2 \quad \rightarrow \quad 569$$

②終局曲げモーメント

$$M_u = 387 \times 6 \times 345 \times 569 \times \frac{0.9}{1000000}$$

$$= 410 \text{ kNm}$$

③終局曲げモーメント時のせん断力

$$Q_u = \frac{M_u}{3.0} = 137 \text{ kN}$$

④短期許容せん断力

せん断補強筋比 $p_w = 71 \times \dfrac{2}{350 \times 150} = 0.0027$

$$Q_s = b \cdot j \left\{ f_s + 0.5\,{}_wf_t \left(p_w - 0.002 \right) \right\}$$

$$= 350 \times 571 \times \frac{7}{8} \times \frac{1.10 + 0.5 \times 295 \times (0.0027 - 0.002)}{1000}$$

$$= 210 \text{ kN}$$

よって、短期許容せん断力 Q_s が、曲げ終局耐力時に作用するせん断力 Q_u に比べ十分大きいので、せん断破壊しないで曲げ破壊する。

例題 5.2

図 5.18 に示した曲げモーメントとせん断力を受ける 2F 床梁 G_2 と 1F 柱 C_2 の配筋が図 5.19 に示したものである時の、長期と短期（安全性）のせん断に

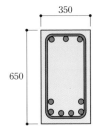

350

650

主筋 SD345　上端 3D-22
　　　　　　　下端 6D-22

（D22　387mm²）
鉄筋間のすきまは、鉄筋径の 1.5 倍以上

せん断補強筋 SD295
D-10 @150　（D10　71mm²）
かぶり厚さ　40mm
F$_c$　24N/mm²

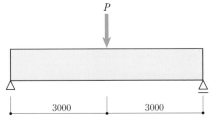

P

3000　　　3000

図 5.17　例題 5.1 の梁の断面と形状

問題 5.1

例題 5.1 の下端筋が 8-D25 だった時、梁がせん断破壊するかどうか検討しなさい。

対する断面検定を行いなさい。使用材料は主筋が
SD345、D25、せん断補強筋がSD295、D13、コンク
リートはF_c24とする。

1. 梁

a) 設計用せん断力

①長期荷重時の設計用せん断力 Q_D

$$Q_D = Q_L = 125\,\text{kN}$$

②極めて稀に生じる地震時の設計用せん断力 Q_D

2段筋を考慮して $d = 660$ とすると、

$$上：M_y = 0.9a_t \cdot f_t \cdot d = 0.9 \times 3042 \times 345 \times \frac{660}{1000000}$$

$$= 623\,\text{kNm}$$

$$下：M_y = 0.9a_t \cdot f_t \cdot d = 0.9 \times 2028 \times 345 \times \frac{660}{1000000}$$

$$= 416\,\text{kNm}$$

$$Q_D = Q_L + \frac{\sum M_y}{l} = 125 + \frac{623 + 416}{6.5 - 0.55} = 300\,\text{kN}$$

参考 $Q_D = Q_L + n \cdot Q_E = 125 + 2 \times 93 = 311\,\text{kN}$

b) 許容せん断力

①長期応力時の許容せん断力

$$\alpha = \frac{4}{\dfrac{M}{Q \cdot d} + 1} = \frac{4}{\dfrac{160}{125 \times 0.66} + 1} = 1.36$$

$$p_w = 127 \times \frac{2}{350 \times 150} = 0.0048$$

$$Q_{AL} = b \cdot j \left\{ \alpha \cdot f_s + 0.5\,_w f_t (p_w - 0.002) \right\}$$

$$= 350 \times 660 \times \frac{7}{8}$$

$$\times \frac{1.36 \times 0.73 + 0.5 \times 195 \times (0.0048 - 0.002)}{1000}$$

$$= 256\,\text{kN}$$

②極めて稀に生じる地震時の許容せん断力

$$\alpha = \frac{4}{\dfrac{M}{Q \cdot d} + 1} = \frac{4}{\dfrac{623}{300 \times 0.66} + 1} \leqq 1 \Rightarrow 1 とする$$

$$Q_A = b \cdot j \left\{ \alpha \cdot f_s + 0.5\,_w f_t (p_w - 0.002) \right\}$$

$$= 350 \times 660 \times \frac{7}{8}$$

$$\times \frac{1 \times 1.10 + 0.5 \times 295 \times (0.0048 - 0.002)}{1000}$$

$$= 306\,\text{kN}$$

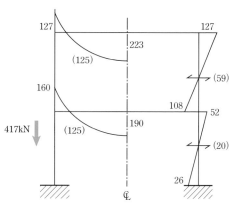

単位：kNm （ ）内はせん断力 kN

(a) 長期荷重時

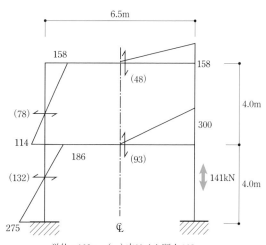

単位：kNm （ ）内はせん断力 kN

(b) 地震時

図 5.18 例題 5.2 の部材に生じる力

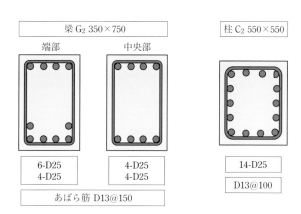

図 5.19 例題 5.2 の柱・梁の断面

長期、短期（安全性）とも、作用するせん断力より許容せん断力のほうが大きいので安全である。

2. 柱

a）設計用せん断力

①長期荷重時の設計用せん断力

$$Q_D = Q_L = 20\,\text{kN}$$

②極めて稀に生じる地震時の設計用せん断力

$$0.4\,b \cdot D \cdot f_c = 0.4 \times 550 \times 550 \times \frac{24}{1000} = 2904\,\text{kN}$$

地震時軸力　$N = 417 + 141 = 558\,\text{kN} < 0.4 b \cdot D \cdot F_c$
よって、柱の終局曲げモーメントは、

$$M_u = 0.8\,a_t \cdot \sigma_y \cdot D + 0.5 N \cdot D \left(1 - \frac{N}{b \cdot D \cdot F_c} \right)$$

$$= 0.8 \times 2535 \times 345 \times \frac{0.55}{1000}$$

$$+ 0.5 \times 558 \times 0.55 \left(1 - 558 \times \frac{1000}{550 \times 550 \times 24} \right)$$

$$= 526\,\text{kN}$$

柱に取り付く梁の降伏曲げモーメントの絶対値の和の $\frac{1}{2}$ は、梁が1本なので $\frac{M_y}{2} = \frac{623}{2} = 312\,\text{kN}$

$$Q_D = \frac{\Sigma M_y}{h} = \frac{526 + 312}{4.0 - \dfrac{0.75}{2}} = 231\,\text{kN}$$

　参考　$Q_D = Q_L + n \cdot Q_E = 20 + 2 \times 132 = 284\,\text{kN}$

b）許容せん断力

①長期荷重時の許容せん断力

$d = 475$ とすると、

$$\alpha = \frac{4}{\dfrac{M}{Q \cdot d} + 1} = \frac{4}{\dfrac{26}{20 \times 0.475} + 1} = 1.07$$

$$Q_{AL} = b \cdot j \cdot \alpha \cdot f_s = 550 \times 475 \times \frac{7}{8} \times 1.07 \times \frac{0.73}{1000}$$

$$= 179\,\text{kN}$$

②極めて稀に生じる地震時の許容せん断力

$$p_w = 127 \times \frac{2}{550 \times 100} = 0.0046$$

$$Q_A = b \cdot j \left\{ f_s + 0.5\,_w f_t (\,p_w - 0.002) \right\}$$

$$= 550 \times 475 \times \frac{7}{8}$$

$$\times \frac{1.10 + 0.5 \times 295 \times (0.0046 - 0.002)}{1000}$$

$$= 340\,\text{kN}$$

　長期、短期（安全性）とも、作用するせん断力より許容せん断力のほうが大きいので安全である。

6章

柱梁接合部

6

6·1 柱梁接合部について

　従来、鉄筋コンクリート構造においては、地震時に柱梁接合部が被害を受けることはほとんどなく、柱梁接合部の設計は省略されることが多かった。しかし、近年、鉄筋やコンクリートの高強度化により部材各部に生じる応力が大きくなっている。兵庫県南部地震において、図6.1に示すように、柱梁接合部の被害が多く見られ、柱梁接合部の構造設計を行う必要が生じた。柱梁接合部は、長期荷重時に大きなせん断力を受けることは少ない。しかし、水平荷重時には図6.2に示すように、柱梁接合部には大きなせん断力が作用する。そこで、この状態に対してせん断設計を行う必要がある。

　具体的には、 6·2 、 6·3 で説明する Q_j と Q_{Aj} に対して式6.1を確認する。

$$Q_j \leqq Q_{Aj} \qquad\qquad\qquad\qquad\qquad\qquad (6.1)$$

図6.1　柱梁接合部の被害状況

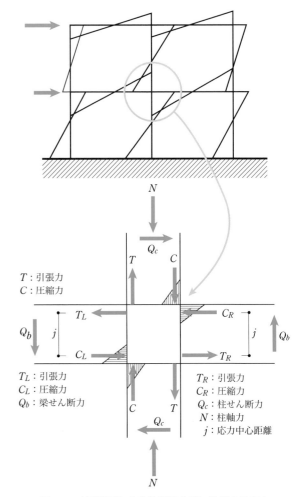

T：引張力
C：圧縮力

T_L：引張力
C_L：圧縮力
Q_b：梁せん断力

T_R：引張力
C_R：圧縮力
Q_c：柱せん断力
N：柱軸力
j：応力中心距離

図6.2　水平荷重により柱梁接合部に作用する応力

6·2 柱梁接合部の設計せん断力

　水平荷重時の柱梁接合部近傍の応力状態は、図6.3のようになる。この時、接合部に作用するせん断力 Q_j は、例えば接合部上部で力の釣合いを考えると、左からの梁主筋およびコンクリートによる圧縮力 C_L と、右からの梁主筋による引張力 T_R、さらに上の柱から伝わるせん断力 Q_c の和で式6.2のように表される。

$$Q_j = T_R + C_L - Q_c \quad\cdots\cdots\cdots\cdots\cdots\cdots (6.2)$$

　T_R、C_L は、梁からの柱フェイス位置での曲げモーメントにより生じている力なので、これを右側柱面位置での梁端曲げモーメント M_{bR}、左側柱面位置での梁端曲げモーメント M_{bL}、およびそれぞれの位置での断面の応力中心距離 $j = \dfrac{7}{8}d$ で表すと、式6.3のようになる。

$$Q_j = \frac{M_{bR}}{j} + \frac{M_{bL}}{j} - Q_c = \frac{\Sigma M_b}{j} - Q_c \quad\cdots\cdots (6.3)$$

　　M_b：柱面位置での梁端部の曲げモーメント
　　　　（フェイスモーメント）

　また、階高、スパンが比較的均等なラーメンの場合、図6.4に示すように、接合部中心位置での梁の曲げモーメント M_{bc} は式6.4で表される。よって、M_b と Q_c の関係は近似的に式6.5で表すことができる。

$$M_{bc} = \frac{\dfrac{L}{2}}{\dfrac{L}{2} - \dfrac{D}{2}} M_b = \frac{1}{1 - \dfrac{D}{L}} M_b \quad\cdots\cdots\cdots\cdots (6.4)$$

$$Q_c = \frac{\Sigma M_b}{H\left(1 - \dfrac{D}{L}\right)} \quad\cdots\cdots\cdots\cdots\cdots\cdots\cdots\cdots\cdots (6.5)$$

　　D：柱せい
　　H：上下の柱の平均高さ
　　　　（最上階では、$\dfrac{最上階の柱高さ}{2}$ ）
　　L：左右の梁の平均長さ
　　　　（柱芯間距離で、外端の場合は外端の梁長さ）

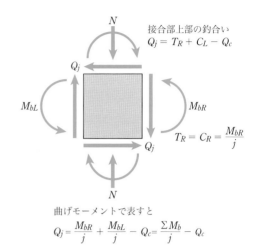

接合部上部の釣合い
$$Q_j = T_R + C_L - Q_c$$

$$T_R = C_R = \frac{M_{bR}}{j}$$

曲げモーメントで表すと
$$Q_j = \frac{M_{bR}}{j} + \frac{M_{bL}}{j} - Q_c = \frac{\Sigma M_b}{j} - Q_c$$

図6.3　柱梁接合部近傍の応力状態

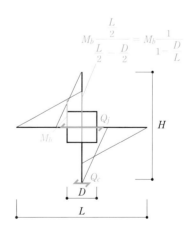

均等なラーメンの場合、$Q_c = \dfrac{\Sigma M_b}{H\left(1 - \dfrac{D}{L}\right)}$

接合部せん断力は、$Q_j = \dfrac{\Sigma M_b}{j} - \dfrac{\Sigma M_b}{H\left(1 - \dfrac{D}{L}\right)} - \dfrac{\Sigma M_b}{j}(1 - \xi)$

柱せん断力 Q_c を使うと、$Q_j = Q_c \dfrac{1 - \xi}{\xi}$

図6.4　無限均等ラーメンにおける柱梁接合部せん断力

式 6.5 を式 6.3 に代入すると、式 6.6 が得られる。

$$Q_j = \frac{\Sigma M_b}{j} - \frac{\Sigma M_b}{H\left(1-\dfrac{D}{L}\right)} = \frac{\Sigma M_b}{j}(1-\xi) \quad \cdots\cdots (6.6)$$

ここで、

$$\xi = \frac{j}{H\left(1-\dfrac{D}{L}\right)}$$

または、

$$Q_j = \frac{Q_c \cdot H\left(1-\dfrac{D}{L}\right)}{j} - Q_c = Q_c \frac{1-\xi}{\xi} \quad \cdots\cdots\cdots (6.7)$$

柱梁接合部のせん断強度は、柱のせん断設計と同様に、せん断破壊を避けるために、応力算定で求まった値を割り増した値、あるいは終局の状態を考慮した値を設計せん断力とする。すなわち、フェイス曲げモーメント M_b が降伏曲げモーメント M_y になった時を考え、式 6.6 は以下のようになる。

$$Q_j = \frac{\Sigma M_y}{j}(1-\xi) \quad \cdots\cdots\cdots\cdots\cdots\cdots (6.8)$$

設計用せん断力 Q_{jD} としては、式 6.7 と式 6.8 の小さいほうの値を用いる。ここで、$\dfrac{M_y}{j} = \sigma_y \cdot a_t$ であるので、式 6.8 は次のように表せる。

$$Q_j = \sigma_y (a_t + a_b)(1-\xi) \quad \cdots\cdots\cdots\cdots\cdots (6.9)$$

ここで、

a_t：一方の梁の上端筋断面積

a_b：他方の梁の下端筋断面積

σ_y：梁主筋の降伏応力度

ただし、ト形接合部および L 形接合部の場合は、$a_b = 0$ とする。

左右の梁の断面や長さが大きく異なる場合は、次式による。

$$Q_j = \sigma_y (a_t + a_b) - \left(\frac{M_y \cdot L}{l} + \frac{M'_y \cdot L'}{l'}\right) \quad \cdots\cdots (6.10)$$

ここで、

M_y、M'_y：左右の梁端の降伏曲げモーメント

L、L'：左右の梁のスパン長さ

l、l'：左右の梁の内法長さ

式 6.4 に関して説明する。

図 6.4 に示された十字形骨組において、パネル両端位置での梁の曲げモーメントを M_b とすると接合部中心位置の曲げモーメント M_{bc} は、以下の図 6.5 より、梁左端から $\dfrac{L}{2} - \dfrac{D}{2}$ 位置における曲げモーメントが M_b であり、梁左端から $\dfrac{L}{2}$ 位置における曲げモーメントが M_{bc} であるので、

$$M_b : M_{bc} = \frac{L}{2} - \frac{D}{2} : \frac{L}{2}$$

となり、式 6.4 が導かれる。

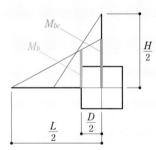

図 6.5　接合部中心位置の曲げモーメント M_{bc}

6·3 柱梁接合部の許容せん断力と構造規定

1 許容せん断力

接合部の許容せん断力は、コンクリート強度にもとづく終局せん断耐力（実験式）を許容応力度に変換したものにより求める。図6.6に示すような応力状態下にある接合部内では、上右隅の圧縮域から左下隅の圧縮域へと、対角線方向に圧縮ストラットが形成される。よって、柱梁接合部の強度に対しては、コンクリートの圧縮強度が支配的となり、多くの接合部実験によるとコンクリートの圧縮強度が 40 N/mm² 以下の場合には、ほぼコンクリート強度に比例していることがわかっている。図6.7のような接合部に対して、許容せん断力は、式6.11で表される。

$$Q_{Aj} = \kappa_A (f_s - 0.5) b_j \cdot D \cdots\cdots (6.11)$$

ここで、

- κ_A：接合部の形状による係数
  - $\kappa_A = 10$（十字形接合部）
  - $\kappa_A = 7$（T形接合部）
  - $\kappa_A = 5$（ト形接合部）
  - $\kappa_A = 3$（L形接合部）
- f_s：コンクリートの短期許容せん断応力度
- b_j：接合部の有効幅 $= b_b + b_{a1} + b_{a2}$

  接合部形状に関しては、図6.8参照

ただし、主筋の定着長 l_{dh} が 0.75D より短い場合には、式6.12で表される低減係数を式6.11に乗ずる。

$$\phi_A = \frac{l_{dh}}{0.75D} \leqq 1 \cdots\cdots (6.12)$$

例題 6.1

図6.9に示す鉄筋コンクリート構造十字形接合部に対して、以下の問いに答えよ。左右平均スパン長は $L = 5500$ mm、上下階の平均高さは $H = 3500$ mm

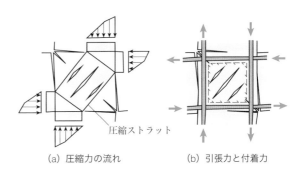

(a) 圧縮力の流れ　　　(b) 引張力と付着力

図6.6　柱梁接合部近傍の応力状態

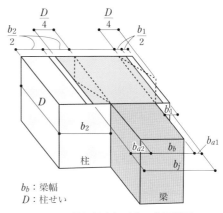

b_b：梁幅
D：柱せい

図6.7　柱梁接合部近傍の水平断面

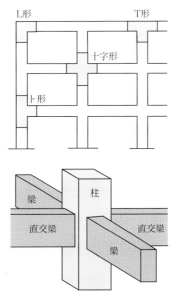

図6.8　柱梁接合部の形状

とする。また、コンクリートは F_c24 とし、鉄筋は SD295 を用いる。

①梁が終局曲げモーメントに達している場合の接合部の設計せん断力 Q_{Dj} を求めよ。

②許容せん断力を求め、せん断力の検討を行いなさい。

③D13 を用いて帯筋を設計せよ。

解

①式 6.6 を用いて接合部の設計せん断力 Q_{Dj} を求める。

$$d = 650 - 40 = 610$$

$$j = \frac{7}{8}d = \frac{7}{8} \times 610 = 534$$

$$\xi = \frac{j}{H\left(1 - \dfrac{D}{L}\right)} = \frac{534}{3500 \times \dfrac{1 - 550}{5500}} = 0.170$$

$$\begin{aligned}Q_{Dj} &= \sigma_y(a_t + a_b)(1 - \xi)\\ &= 295(4 \times 506.7 + 3 \times 506.7)(1 - 0.170)\\ &= 868458\,\mathrm{N} = 868\,\mathrm{kN}\end{aligned}$$

②式 6.11 を用いて許容せん断力 Q_{Aj} を求める。

コンクリートの短期許容せん断応力度は、

$$\begin{aligned}f_s &= \left(0.49 + \frac{F_c}{100}\right) \times 1.5 = \left(0.49 + \frac{24}{100}\right) \times 1.5\\ &= 1.095\,\mathrm{N/mm^2}\end{aligned}$$

形状係数　　$\kappa_A = 10$（十字形接合部）
接合部の有効幅

$$b_j = b_b + b_{a1} + b_{a2} = 370 + \frac{90}{2} + \frac{90}{2} = 460$$

よって、

$$\begin{aligned}Q_{Aj} &= \kappa_A(f_s - 0.5)\,b_j \cdot D\\ &= 10 \times (1.095 - 0.5) \times 460 \times 550\\ &= 1505350\,\mathrm{N} = 1505\,\mathrm{kN} > Q_{Dj}\end{aligned}$$

③1 本の D13 の断面積は $126.7\,\mathrm{mm^2}$ である。帯筋として 2-D13 @ 150 とすると、せん断補強筋比は、

$$p_w = \frac{2 \times 126.7}{550 \times 150} = 3.07 \times 10^{-3} = 0.3\% \geqq 0.2\%$$

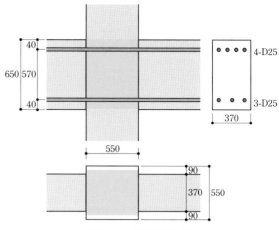

図 6.9　十字形接合部

Point

例題 6.1 は、接合部の許容せん断力 $Q_{Aj} \geqq$ 接合部の設計せん断力 Q_{Dj} を確認することにより、接合部が安全であることを確認する問題である。

①接合部の設計せん断力 Q_{Dj} を

$$Q_j = \frac{\Sigma M_b}{j} - \frac{\Sigma M_b}{H\left(1 - \dfrac{D}{L}\right)} = \frac{\Sigma M_b}{j}(1 - \xi) \cdots (6.6、再掲)$$

を用いて求めている。

②接合部の許容せん断力 Q_{Aj} を

$$Q_{Aj} = \kappa_A(f_s - 0.5)\,b_j \cdot D \qquad \cdots\cdots\cdots\cdots (6.11、再掲)$$

を用いて求めている。

$$Q_{Aj} \geqq Q_{Dj}$$

の確認をすることにより、接合部の安全性を確認している。

③せん断補強筋比の確認

0.2％以上を確認している。せん断補強筋は、接合部の強度には関係ないが、最大耐力以降の耐力低下を緩やかにする。

2 柱梁接合部における構造規定

柱梁接合部に用いる鉄筋は、以下の構造規定がある。

① せん断補強筋は、直径 9 mm 以上の丸鋼または D10 以上の異形鉄筋を用いる。

② せん断補強筋間隔は 150 mm 以下とし、かつ、隣接する柱の帯筋間隔の 1.5 倍以下とする。

③ せん断補強筋比は 0.2％以上とする。

④ 柱梁接合部に折り曲げ定着する梁下端筋は、原則として上向きに折り曲げ定着する。また、上下梁主筋の水平投影長さは柱せいの 0.75 倍以上とする。

⑤ 純ラーメン部分の柱梁接合部内に通し配筋する大梁で、柱面位置に曲げヒンジを想定する主筋の径 d_b は、太さに制限があり、式 6.13 を満たすようにしなければならない。

$$\frac{D}{d_b} > \frac{f_s}{3.6(1.5 + 0.1\,F_c)} \quad \cdots\cdots\cdots\cdots (6.13)$$

Point 柱梁接合部における鉄筋

① せん断補強筋の**最小径**

　直径 9 mm 以上の丸鋼または D10 以上の異形鉄筋

② せん断補強筋**間隔**

　150 mm 以下＆隣接する柱帯筋間隔の 1.5 倍以下

③ せん断補強筋**比**　0.2％以上

④ 梁下端筋の**上向き**折り曲げ定着

　梁主筋の**水平投影長さ** ≧ 0.75D

⑤ **通し配筋**する大梁で、柱面位置に曲げヒンジを想定する主筋の径 d

$$\frac{D}{d_b} > \frac{f_s}{3.6(1.5 + 0.1\,F_c)} \quad \cdots\cdots\cdots (6.13、再掲)$$

最近では、塩原により、柱梁接合部に作用するモーメントにより破壊が生じるとした破壊機構にもとづいた設計法が提案されている[1]。

この方法では柱梁接合部に作用するモーメントにより柱梁接合部内で梁主筋および柱主筋が引張降伏して生じる破壊機構を接合部降伏破壊として定義している。柱耐力が十分に大きい場合は、柱面位置で梁の降伏が生じ、想定した梁の曲げ強度を発揮できる（図 6.10(a)）。一般的な柱と梁の主筋量では、接合部は図 6.10(b) に示すようなモーメント抵抗機構を示す。すなわち、斜めひび割れによって分割された 4 つの部分が互いに部分的に接触しながら回転する機構を考えている。この回転が増大すると、梁と柱の主筋が降伏し、斜めひび割れが拡大するとともに、接触部分のコンクリート圧壊が進行し、終局強度に達する。梁と柱の曲げ強度の比（柱梁強度比）が 1.0 に近いと、梁危険断面の曲げ降伏に先行して柱梁接合部内で梁主筋と柱主筋の両方が引張降伏し、強度に達する（接合部内における釣合破壊）。

このモデルにより、柱梁接合部の入力せん断力と柱梁接合部のせん断強度の比（せん断余裕度）が 1.0 を上回る場合においても、接合部破壊が生じる現象や、接合部せん断余裕度が 1.5 程度であっても梁曲げ終局強度が発揮されない現象を説明できる。

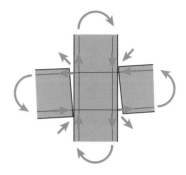

（a）柱耐力が十分に大きい場合
柱面で梁の降状が生じる

梁の曲げ強度を発揮できる

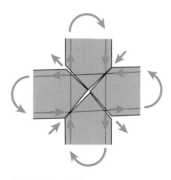

（b）柱梁曲げ強度比が 1.0 に近い場合
接合部内で釣合破壊が発生

梁の曲げ強度を発揮できない

図 6.10　柱梁接合部のモーメント抵抗機構

問題 6.1

柱梁接合部の耐力は、以下の要因により、どのように変化するか答えよ。

①梁幅 b_b を大きくする。

②コンクリートの設計基準強度 F_c を大きくする。

③接合部の形状を変える（L 形、ト形、T 形、十字形）。

④せん断補強筋を増やす。

⑤梁せいを大きくする。

＊1　日本建築学会『鉄筋コンクリート構造の保有水平耐力計算基準・同解説』日本建築学会、20 条、2021 年 2 月

7章

付着・定着

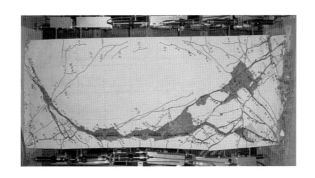

7·1 付着と定着

　鉄筋コンクリート構造は鉄筋とコンクリートの複合構造であり、両者が一体となって部材に生じる力に抵抗することになる。断面に曲げモーメントが作用した時、コンクリートは引張力に抵抗できないため、鉄筋が引張力に抵抗することになる。この時、コンクリートと鉄筋が一体化して働くためには、**2·3** で示したようにコンクリートと鉄筋の間の付着抵抗が必要になる。

　この付着抵抗は、許容応力度以下の時には、曲げに対する平面保持を満足するために、5章図5.5で説明したように、曲げモーメントの変化（せん断力）に応じた付着力に対する検討が必要となる。また、終局時の検討では、引張鉄筋が抜け出さないための検討が必要となる。後者の場合、地震時の逆対称曲げモーメントを受けた梁部材では図7.1(a)に示したようなクラックパターンになり、端部に45°のせん断クラックが生じる。

　この引張を受ける主筋が降伏している時には、図7.1(b)の両端から d の区間では付着力が期待できなくなり、引張鉄筋に作用する力は降伏強度で一定となる。この引張力に対して自部材から抜け出さないこと（付着割裂破壊）と、定着部から抜け出さないこと（定着）が必要となる。

(a) 鉛直荷重と逆対称曲げを受けた梁のクラック状態

(b) 引張鉄筋の模式図

図7.1　水平力を受けた梁のクラック状態と引張鉄筋の模式図

7·2 付着・定着の算定と構造規定

1　付着の算定

　鉄筋とコンクリートの付着に関しては、以下の2つに分けて考える。

①圧縮側コンクリートの垂直応力度の差によって生じたせん断応力度を鉄筋に伝え、平面保持を満足させること（損傷限界）

②最終的に付着割裂破壊を起こさないこと（安全限界）

1. 損傷限界の評価

　片持ち梁の先端に集中荷重 P を受ける時の曲げモーメントは、図7.2(a) のようになる。この部材から図に示すように、微小区間 dx を取り出すと、断面の右側には力のモーメント M が作用し、左側にはそれより少し大きな力のモーメント $(M + dM)$ が作用している。均一な断面の場合、応力度分布は図7.2(b) のようになり、それぞれの左右の断面内では、引張力と圧縮力が釣り合っている。この微小区間の中立軸から y の距離より上の部分を取り出すと、図7.2(c) に示すように、その区間の左右には引張力が働き、その合力は、明らかに左からの引張力のほうが大きくなる。そのためこの部分が水平方向に移動しないためには、これに抵抗する力が必要となる。

　取り出した部分の上面には、何もないので抵抗する力は生じ得ず、図7.2(c) に示したように、下面に水平方向の力が反力として必要になる。つまり、せん断応力度 τ が生じることになる。せん断力の分布は部材の断面が矩形の場合には、断面中央が最も大きくなり、図7.2(d) に示したようになる。

　鉄筋コンクリート部材の場合には、コンクリートは引張力を負担しないと仮定しているので、引張力は、すべて鉄筋が負担することになる。部材の断面

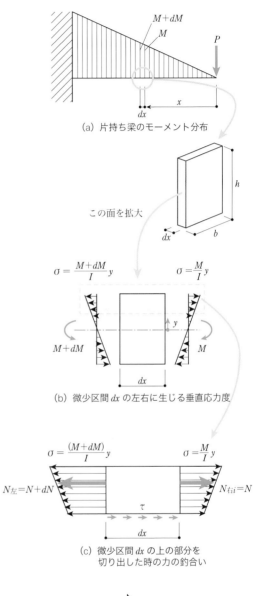

(a) 片持ち梁のモーメント分布

この面を拡大

$$\sigma = \frac{M+dM}{I} y \qquad \sigma = \frac{M}{I} y$$

(b) 微少区間 dx の左右に生じる垂直応力度

$$\sigma = \frac{(M+dM)}{I} y \qquad \sigma = \frac{M}{I} y$$

$N_{左} = N + dN \qquad N_{右i} = N$

(c) 微少区間 dx の上の部分を
　　切り出した時の力の釣合い

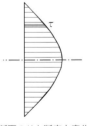

(d) 断面のせん断応力度分布

図7.2　曲げとせん断を受ける弾性均一部材の断面の応力度

が図 7.3（a）に示した単筋梁だとすると、微小区間 dx の左右の断面の応力度分布は図 7.3（b）に示したようになる。微小区間の左右の引張力の差 dT は、鉄筋からコンクリートに伝える必要がある。これが付着力であり、微小区間内の鉄筋がコンクリートと接している表面積で抵抗することになる。鉄筋の周長を ψ とすると、付着応力度 τ_a との関係は以下のようになる。

$$dT = \tau_a \cdot \psi \cdot dx \quad \cdots\cdots\cdots\cdots\cdots\cdots (7.1)$$

一方、断面内の力のモーメントの釣合いより、$dT = \dfrac{dM}{j}$ であるので、この曲げモーメントの変化に応じた付着力 τ_a は、以下のようになる。

$$\tau_a = \frac{1}{\psi} \cdot \frac{dT}{dx} = \frac{1}{\psi} \cdot \frac{dM}{j \cdot dx} = \frac{Q}{\psi \cdot j} \quad \cdots\cdots\cdots (7.2)$$

これが許容付着応力度 f_a 以下となればよい。この時のコンクリートのせん断応力度分布は、図 7.3（c）に示したようになる。

部材の断面検定としては、最大曲げモーメントを受ける断面で必要な鉄筋量（鉄筋周長）を求めるという方法で検討する。実際の設計では、主筋には異形鉄筋を用いることになっており、許容付着応力度 f_a がかなり大きく、標準的な配筋指針に従っている時は計算を省略することも多い。また、局部的に付着応力度が許容応力度を上回るのを許容した、鉄筋の長さ方向での平均付着応力度で評価することもある。

2. 安全限界の評価

付着割裂破壊は、図 7.4 に示したように異形鉄筋の出張り部分がコンクリートに引っかかって押し広げようとする力により生じ、コンクリートを引き裂くように破壊する。この破壊面が 4 角の鉄筋に生じ、隅のコンクリートが剥離する場合と、主筋の破壊面が連なって、主筋の並ぶ列でコンクリートが剥離する破壊が生じる。

この破壊強度は、主筋の径や間隔、横補強筋量な

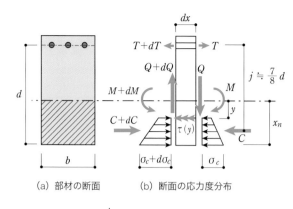

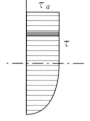

（a）部材の断面　（b）断面の応力度分布

（c）コンクリートのせん断応力度

図 7.3　曲げとせん断を受ける単筋梁部材の断面の応力度

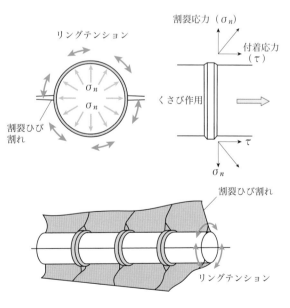

図 7.4　付着割裂破壊

（出典：日本建築学会『鉄筋コンクリート構造計算規準・同解説』2018、p.212 より）

どによって異なり、理論的に求めることは困難である。RC 規準（2018）では、多くの実験結果のデータを整理して、主筋の付着長さ l_d 間での平均付着応力度 τ_D が、付着割裂強度を上回らないことを確認するために、次式で検討する。

①通し筋

$$\tau_D = \alpha_1 \times \frac{\sigma_D \cdot d_b}{4\,(L'-d)} \leqq K \cdot f_b \quad \cdots\cdots\cdots\cdots (7.3)$$

②カットオフ筋

$$\tau_D = \alpha_2 \times \frac{\sigma_D \cdot d_b}{4\,(l_d-d)} \leqq K \cdot f_b \quad \cdots\cdots\cdots\cdots (7.4)$$

ここで、

d_b：曲げ補強筋径の呼び名の数値

l_d：付着長さ＝付着を検定しようとする位置から鉄筋端までの長さ

d：部材有効せい

σ_D：付着検定断面における鉄筋存在応力度で曲げ降伏する部材では降伏強度とする

f_b：付着割裂の基準となる許容応力度（表 7.1）、多段配筋の 1 段目(断面外側)以外は 0.6 倍

K：鉄筋配置と横補強筋による修正係数

$$K = 0.3\,\frac{C+W}{d_b} + 0.4 \quad \cdots\cdots\cdots\cdots\cdots (7.5)$$

C：鉄筋間の開き、最小かぶり厚さ×3、$5 \times d_b$ の最小値

W：横補強筋の効果を表す係数

$$W = \frac{80\,A_{st}}{s \cdot N} \quad （ただし、W \leqq 2.5\,d_b）\cdots\cdots (7.6)$$

A_{st}：想定される付着割裂面を横切る 1 組の横補強筋全断面積

s：1 組の横補強筋間隔

N：想定される付着割裂面における主筋本数（図 7.5 参照）

式 7.3、7.4 で、分母の付着長さとして d を引いているのは、図 7.1 に示したように、斜めせん断ひび割れの発生等により、部材端から 45°の領域での引張鉄筋の応力が、部材端と同じ大きさまで増大する

表 7.1　付着割裂の規準となる許容応力度 f_b（RC 規準）

	安全性確保のための検討	
	上端筋	その他の鉄筋
普通コンクリート	$0.8 \times \left(\dfrac{F_c}{40} + 0.9\right)$	$\dfrac{F_c}{40} + 0.9$
軽量コンクリート	普通コンクリートに対する値の 0.8 倍	

表 7.2　通し筋の応力状態を表す係数 α_1（RC 規準）

両端が曲げ降伏する部材の通し筋	1 段目の鉄筋	2
	多段配筋の 2 段目以降の鉄筋	1.5
一端曲げ降伏で他端弾性の部材の通し筋		1

表 7.3　カットオフ筋の応力状態を表す係数 α_2（RC 規準）

付着長さが $\dfrac{L}{2}$ 以下のカットオフ筋	1 段目の鉄筋	1
	多段配筋の 2 段目以降の鉄筋	0.75
付着長さが $\dfrac{L}{2}$ を超えるカットオフ筋		1

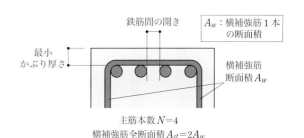

図 7.5　鉄筋配置・横補強筋の効果

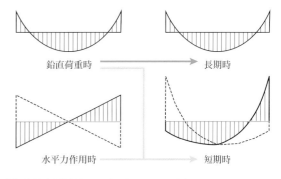

(a) 作用する荷重とモーメント　　(b) 長期・短期設計用曲げモーメント

図 7.6　梁に作用する曲げモーメント

現象（テンションシフト）によって、事実上、検定断面が d ずれることを考慮したものである。このような付着を検定する断面位置（付着検定断面）としては、最大曲げモーメントとなる断面で行うことになる。

　一般的なラーメン構造の梁に作用する曲げモーメントは、図 7.6(a) に示したように、鉛直荷重時に端部が上端引張、中央部が下端引張の曲げモーメントとなる。また、地震などの水平力作用時には、逆対称曲げモーメント分布となる。断面算定用の曲げモーメントとしては、図 7.6(b) に示したようになる。曲げ補強筋としての上端鉄筋は両端で多く必要となり、中央部では少なくてもよい。下端鉄筋は中央部で多く必要となり、両端では少なくてもよい。この時の曲げ補強筋は、たとえば図 7.7 に示したようになる。この両端の上端の 4 本の鉄筋をどこまで伸ばさなければいけないか（カットオフ長さ）を求めるために式 7.4 を用いることが多い。日本建築学会の『鉄筋コンクリート構造配筋指針・同解説』では、図 7.8 のように定めている。

例題 7.1

　F_c24 で $350 \times 750\,\mathrm{mm}$ の断面の梁の主筋が SD345 で、図 7.7 に示したように、端部 4-D25、中央部 2-D25 の時の、端部上端筋のカットオフ長さ（短期のみ）を算定しなさい。ただし、鉄筋の存在応力度は短期許容応力度とする。

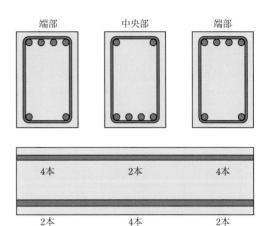

図 7.7　梁曲げ補強筋の配筋例

表 7.4　カットオフ長さの算定

梁記号		$_2G_2$	
位置		端部	
$b \times D$ (mm)		350×750	
d (mm)		675	部材有効せい
配筋		4-D25	
f_b (N/mm²)	上	1.2	表 7.1 による
カットオフ筋	C (mm)	43	かぶり厚さ 50mm、あばら筋 10mm、主筋 25mm $C = \dfrac{350 - 2 \times 50 - 2 \times 10 - 4 \times 25}{3} = 43$
	W (mm)	14	$W = \dfrac{80 \times 143}{200 \times 4}$
	K	1.08	$K = 0.3\dfrac{C+W}{d_b} + 0.4 = 0.3\dfrac{43+14}{25} + 0.4$
	$l_d - d$ (mm)	1319	$l_d - d = \dfrac{\sigma_D \cdot d_b}{4K \cdot f_b} = \dfrac{345 \times 25}{4 \times 1.09 \times 1.2}$
	必要付着長さ	1994	l_d
	設計値 (mm)	2000	

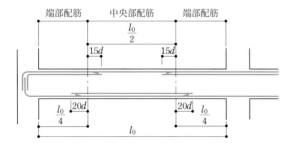

(a) 中央部下端筋が端部下端筋よりも本数が多い場合

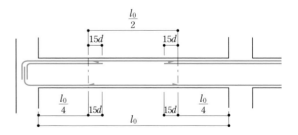

(b) 端部下端筋が中央部下端筋よりも本数が多い場合

注：梁筋カットオフ位置は設計図書の特記による。特記のない場合は上図による。

図 7.8　日本建築学会配筋指針によるカットオフ長さ（出典：日本建築学会『鉄筋コンクリート構造配筋指針・同解説』2010）

解

表 7.4 に示すようになる。

2. 定着の算定

鉄筋の仕口部への定着は、必要定着長さを求めて検定する。

$$l_a \geqq l_{ab} \quad \cdots\cdots\cdots\cdots\cdots\cdots\cdots\cdots\cdots\cdots (7.7)$$

ここで、

l_a：定着長さ

l_{ab}：必要定着長さ

定着長さ l_a は、仕口面から鉄筋端までの長さで、標準フックがつく場合や機械式定着の場合は、図 7.9 に示した投影定着長さ l_a とする。最上階の梁の上部で出隅になる場合には、図 7.10 に示すように水平部分での定着が期待できないので、折り曲げ端から先の長さを定着長さ l_a とする。

柱梁接合部での必要定着長さ l_{ab} は、次式による。

$$l_{ab} = \alpha \frac{S \cdot \sigma_t \cdot d_b}{10\, f_b} \quad \cdots\cdots\cdots\cdots\cdots\cdots\cdots (7.8)$$

ここで、

σ_t：仕口面における鉄筋の応力度（原則として鉄筋の短期許容応力度）

d_b：鉄筋径

f_b：付着割裂の規準となる許容応力度

（表 7.1、その他の鉄筋の値）

α：横補強筋で拘束されたコア内に定着する場合 1.0、そうでない場合 1.25 とする

S：修正係数（表 7.5）

十字形接合部を貫通する鉄筋（通し配筋）は、地震時に接合部の両端で引張力と圧縮力が作用し、接合部内には大きな付着応力度が生じるので、接合部内の定着劣化に留意する必要がある。一般には、次式を満たすことを基本とする。

$$\frac{d_b}{D} \leqq 3.6 \frac{1.5 + 0.1\, F_c}{f_s} \quad \cdots\cdots\cdots\cdots\cdots\cdots (7.9)$$

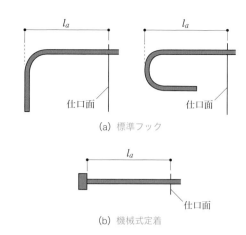

(a) 標準フック

(b) 機械式定着

図 7.9　標準フック、機械式定着の場合の投影定着長さ l_a

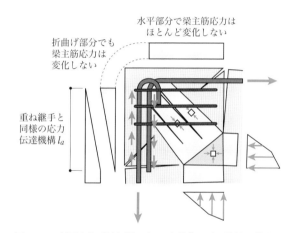

図 7.10　水平力を受けた梁のクラック状態と引張鉄筋の模式図
（出典：日本建築学会『鉄筋コンクリート構造計算規準・同解説』2018、p.247）

表 7.5　必要定着長さの修正係数 s（RC 規準）

種類			s
直線定着	耐震部材		1.25
	非耐震部材	片持ち形式	
		上記以外	1.0
	その他の部材		
標準フック	耐震部材		0.7
	非耐震部材	片持ち形式	
		上記以外	0.5
	その他の部材		

ここで、

　　　D：当該鉄筋が通し配筋される部材の全せい

　　　F_c：コンクリートの設計基準強度

　　　f_s：当該鉄筋の短期許容応力度

　接合部の両端から鉄筋に作用する力は断面積に比例し、接合部内で抵抗する付着力は接合部内の鉄筋の表面積に比例する。断面積は鉄筋径の2乗に比例し、表面積は1乗に比例するので、鉄筋径が太いほど接合部内での定着劣化が大きくなる。定着劣化が大きくなると、履歴性状がスリップ形状になり、地震時のエネルギー吸収能力が低下することになる。

3. 構造規定

　設計にあたっては、以下の点を満足する必要がある。

①カットオフ鉄筋は、計算上不要となる断面を超えて部材有効せい d 以上延長する。

②引張鉄筋の $\frac{1}{3}$ 以上は部材全長に連続して配筋する。

③引張鉄筋の付着長さは300 mm を下回ってはならない。

④柱梁の出隅部分の鉄筋には、末端に必ず標準フックをつける。

⑤投影定着長さは、$8 d_b$ かつ150 mm 以上とする。直線定着の場合は300 mm 以上とする。

⑥梁主筋の柱への定着、柱主筋の梁への定着にあっては、投影定着長さは仕口部材断面全せいの0.75倍以上を基本とし、接合部パネルゾーン側へ折り曲げることを基本とする。

⑦折曲げ定着筋の標準フックの余長は、90°折曲げで鉄筋径の8倍以上、135°折曲げで鉄筋径の6倍以上、もしくは180°折曲げで鉄筋径の4倍以上のいずれかとする。折曲げ部の折曲げ内法直径の最小値は、表7.6による。また、標準フックの鉄筋側面からコンクリート表面までの側面かぶり厚さの最小値は、表7.7による。

⑧機械式定着具は、横補強筋で拘束されたコア内定着のみに用いる。

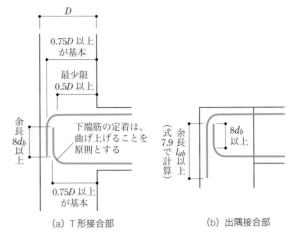

図7.11　柱梁接合部への梁主筋の定着の原則

表7.6　標準フックの内法直径（RC規準）

折曲げ角度	鉄筋種類	鉄筋径による区分	鉄筋の折曲げ内法直径（D）
180° 135° 90°	SD295 SD345	D16 以下	$3 d_b$ 以上
		D19 〜 D41	$4 d_b$ 以上
	SD390	D41 以下	$5 d_b$ 以上
90°	SD490	D25 以下	
		D29 〜 D41	$6 d_b$ 以上

d_b：定着する鉄筋の公称直径

表7.7　標準フックの側面かぶり厚さ（RC規準）

$s = 0.5$ とする場合	$2 d_b$ 以上かつ 65 mm 以上
$s = 0.7$ とする場合	$1.5 d_b$ 以上かつ 50 mm 以上

s：表7.5の修正係数

8章

耐震壁

8

8・1 耐震壁

建物の構造部材の中で、鉛直部材は柱と壁のみである。このうち壁は構造部材としてだけでなく、空間を区切る目的にも用いられ、図8.1に示したように多種多様な形状となっている。このうち、鉛直力や水平力に抵抗する壁を耐力壁と呼ぶ。耐力を負担しない壁は、非耐力壁と呼ぶ。耐力壁のうち、柱梁に囲まれ、無開口もしくは開口面積の小さいものを地震に抵抗させる壁として、耐震壁と呼ぶ。

水平力を受けた時に、柱は図8.2(a)に示すように曲げ変形が支配的であるのに対し、耐震壁はその断面が大きいので曲げ剛性が大きく、図8.2(b)に示すように曲げ変形しにくい。耐震壁の水平剛性は柱に比べ非常に大きく、せん断力の負担も非常に大きくなる。したがって、この配置と強度が建物の耐震性に大きく影響する。1章で述べたように、鉄筋コンクリート構造の耐震設計のポイントとして、適量の耐震壁を平面的・立面的にバランス良く配置（壁の平面的な偏在やピロティを避ける）することが重要である。

非耐力壁は、耐震上の余力と考えて構造計算では無視されることが多いが、袖壁、垂れ壁、腰壁は、それらが取り付く梁・柱の変形性能や耐力に影響を及ぼすので、それを考慮したモデル化により構造解析を進める必要がある。たとえば腰壁を無視した設計は、短柱のせん断破壊につながり、保有耐力を著しく低下させる。構造設計上、これらを無視した場合には、実際にもこれらの影響がないよう構造スリットを設けて柱と分離するなどの配慮が必要である。

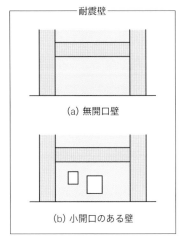

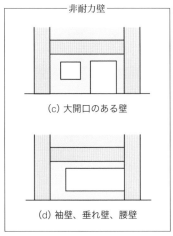

図8.1　壁の種類

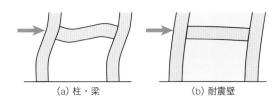

図8.2　水平力を受けた時の変形

8·2 剛性評価

　耐震壁の剛性評価は、付帯柱を含めた耐震壁構造について考える。耐震壁構造の曲げ剛性は、柱梁などの線材と違って非常に大きいので、曲げ変形は小さくなる。そのため相対的にせん断変形や基礎での回転変形の影響が無視できなくなる。これらのことを考慮して、i 階の耐震壁の水平変形 δ_i を、図 8.3 に示すように、

$$\delta_i = \text{曲げ変形}(\delta_M) + \text{せん断変形}(\delta_S)$$
$$+ \text{基礎の変形による回転変形}\ (\delta_R)\quad \cdots(8.1)$$

として算定する。この時、各階の層間変形 $_R\delta_i$ は上下階の変形の差として求まり、各階のせん断力を Q_i とした時、水平剛性 K_i は次式で求める。

$$K_i = \frac{Q_i}{{_R}\delta_i} \quad\cdots\cdots\cdots\cdots\cdots\cdots\cdots\cdots\cdots\cdots(8.2)$$

　地震力を受けた時、耐震壁には大きなせん断力が作用して、コンクリートにクラックが生じる。このクラックによりせん断剛性は、柱や梁の剛性低下に比べ早期に低下するため、弾性時の剛性にもとづいて柱と耐震壁の地震力の負担を定めると、柱の負担を低く見積もることになる。耐震壁のせん断耐力を算定する場合に、せん断クラックを許容して耐力を算定する場合には、この影響を考慮しなければならない。このため、柱の地震力の分担を決める時には、耐震壁のせん断剛性を低減させるために、次式で示すせん断剛性低下率 β を乗じて、耐震壁の水平剛性を評価することもある。

$$\text{せん断剛性低下率}\ \beta = 0.24\,(R \times 10^3)^{-0.75}\quad \cdots(8.3)$$

R：せん断変形部材角（rad）

　これは、式 8.1 のうち、せん断変形だけが増大するのであるから、曲げ変形や、基礎の回転による変形が大きい時には、扱いに注意する必要がある。せ

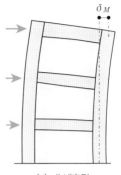

(a) 曲げ変形

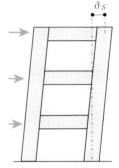

(b) せん断変形

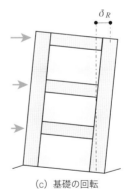

(c) 基礎の回転

図 8.3　変形成分

ん断剛性低下率を用いることは、耐震壁自身の剛性を落とし、負担せん断力を低減させることになるので、耐震壁の負担せん断力を算定する場合や偏心率の算定時には低減させない。

耐震壁が曲げ変形や基礎での沈下や浮き上がりにより回転変形をしようとする時には、壁に取り付いた梁が、図8.4(a)に示したように、その回転に抵抗するように働く。同様の効果は、図8.4(b)に示したように、壁に直交する方向の梁が、耐震壁が浮き上がるのを押さえる方向に抵抗するため、立体的な検討が必要になる。このため、耐震壁を含む構造物の各部材に作用する力を求める場合には、コンピュータを用いて解くことがほとんどである。

耐震壁に開口がある場合の剛性評価は、1枚の壁として扱うより、図8.1(d)に示したように、柱梁に袖壁、腰壁、垂れ壁がついているものとしてフレーム構造として評価すべきである。図8.5に示したような耐震壁で、次式で定義される開口周比 r_0 が0.4以下の小開口の場合には、水平剛性低下率 r' を用いて算定する略算法が示されている。

$$\text{開口周比 } r_0 = \sqrt{\frac{\text{開口面積}}{\text{壁体面積}}} = 1.1\sqrt{\frac{h_0 \cdot l_0}{h \cdot l}} \leqq 0.4$$

$$\cdots\cdots\cdots\cdots\cdots\cdots\cdots (8.4)$$

ここで、

h_0、l_0：開口の高さと幅で、複数開口の場合は包絡する開口とみなして算定する（図8.6参照）

h、l：壁体の高さと幅

開口による水平剛性低下率 r' は、次式で算定する。

$$r' = 1 - 1.25 \times 1.1 \times \sqrt{\frac{h_{0p} \cdot l_{0p}}{h \cdot l}} \cdots\cdots\cdots\cdots (8.5)$$

ここで、

l_{0p}、h_{0p}：開口部の水平断面、鉛直断面への投影長さの和（図8.6参照）

この場合の開口耐震壁のせん断剛性は、開口がないとして求めた耐震壁のせん断剛性に式8.5で求まる剛性低下率を掛けたものとする。

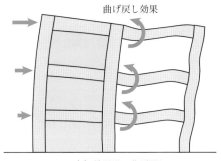

（a）境界梁の曲げ戻し

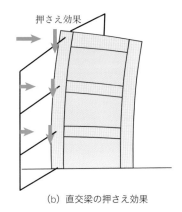

（b）直交梁の押さえ効果

図8.4　境界梁・直交梁による曲げ戻し、押さえ効果

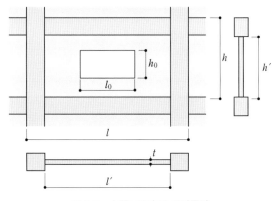

図8.5　小開口を有する耐震壁

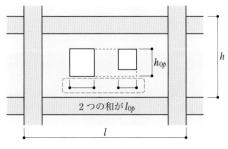

図8.6　複数開口の場合

8·3 耐震壁の断面算定と構造規定

1 せん断

　図8.5に示したような耐震壁の許容せん断力は、壁にせん断ひび割れを発生させない条件から求めたQ_1と、壁にせん断ひび割れが発生した後の壁の鉄筋と柱とでせん断力に抵抗するという条件から求めたQ_2のうちの小さいほうとする。

$$\left.\begin{array}{l} Q_1 = r \cdot t \cdot l \cdot f_s \\ Q_2 = r\,(Q_w + \Sigma\,Q_c) \end{array}\right\} \quad\cdots\cdots\cdots\cdots\cdots (8.6)$$

ここで、

t：壁厚

l：壁体の幅

f_s：コンクリートの短期許容せん断応力度

r：開口による強度の低減率で、次のうちの最も小さいものとする。

$$\left.\begin{array}{l} r_1 = 1 - 1.1\,\dfrac{l_{0p}}{l} \\[2mm] r_2 = 1 - 1.1\sqrt{\dfrac{h_{0p}\cdot l_{0p}}{h\cdot l}} \\[2mm] r_3 = 1 - \lambda\,\dfrac{\Sigma h_0}{\Sigma h} \end{array}\right\} \quad\cdots\cdots\cdots\cdots (8.7)$$

　　　r_1は開口の幅による低減率、r_2は開口の見付け面積による低減率、r_3は図8.7に示したような縦に開口が連続する時の開口高さによる低減率で、ピロティの直上階あるいは中間階の単層壁では$\lambda = 1$、それ以外では、$\lambda = \dfrac{1}{2}\left(1 + \dfrac{l_0}{l}\right)$とする。

Q_w：無開口耐震壁のせん断強度であるが、l'を壁パネル部の長さとした時、次式による。

$$Q_w = p_s \cdot t \cdot l' \cdot f_t \cdots\cdots\cdots\cdots\cdots\cdots (8.8)$$

　　　p_s：壁の直交する各方向のせん断補強筋比1.2%を超える場合は1.2%として算定する。

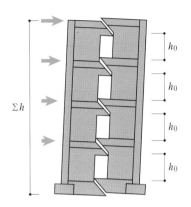

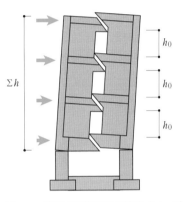

図8.7　連続する縦開口の破壊イメージ
（出典：日本建築学会『鉄筋コンクリート構造計算規準・同解説』2018、p.320）

$$p_s = \frac{a_s}{x} \cdot t$$

a_s：壁筋1組の断面積（mm²）

x：壁筋の間隔（mm）（図8.8）

f_t：壁筋のせん断補強用短期許容
引張応力度（N/mm²）

Q_c：壁の付帯柱1本が負担できるせん断力

$$Q_c = b \cdot j \left\{ 1.5 f_s + 0.5 {}_w f_t (p_w - 0.002) \right\}$$

b：柱幅（T形梁の場合はウェブ幅）

j：応力中心間距離（$= \frac{7}{8} d$　d：部材の
有効せい）

f_s：コンクリートの許容せん断応力度

${}_w f_t$：せん断補強筋のせん断用許容引張応
力度

p_w：柱のせん断補強筋比 $\left(= \frac{a_w}{b \cdot x} \right)$

a_w：1組のせん断補強筋断面積

x：せん断補強筋間隔

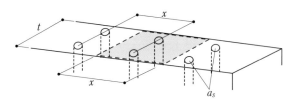

図8.8　壁のせん断補強筋比の定義

　式8.6のQ_1で与えられる許容せん断強度は、既往
の実験結果を整理したせん断ひび割れ強度のほぼ下
限値となることが示されている。また、$Q_1 < Q_2$の
場合には、せん断変形角$R = 4 \times 10^{-3}$rad まで、せ
ん断耐力が上昇し、Q_2以上となることが認められて
いる。この時、付帯柱が強剛でないと、急激なせん
断破壊を起こし鉛直支持力を失う恐れがあるので、
4 構造規定によってせん断補強する必要がある。

2　曲げ

　曲げに対しては、基本的に付帯柱で抵抗させる。
したがって、付帯柱は、鉛直荷重と曲げモーメント
による正負軸力により、圧縮力、引張力（生じる場
合）に対する軸力の検討が必要となる。許容耐力は、
圧縮の場合はコンクリートの許容圧縮応力度で決ま
る耐力N_C、引張の場合は主筋の許容引張応力で決
まる耐力N_Tとし、次式で算定する。

$$N_C = f_c(b \cdot D + n \cdot a_g)$$
$$N_T = f_t \cdot a_g$$
$$\Bigg\}\ \cdots\cdots\cdots\cdots\cdots\cdots\cdots (8.9)$$

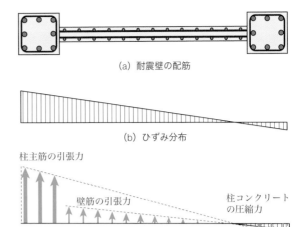

(a) 耐震壁の配筋

(b) ひずみ分布

柱主筋の引張力
壁筋の引張力
柱コンクリート
の圧縮力
柱主筋の圧縮力

(c) 断面内の応力分布

図8.9　耐震壁の曲げ解析

ここで、

f_c：コンクリートの許容圧縮応力度（N/mm²）

f_t：鉄筋の許容引張応力度（N/mm²）

$b \cdot D$：付帯柱の断面積（mm²）

a_g：柱鉄筋の全断面積（mm²）

n：ヤング係数比

正確には、壁パネル内の縦筋も曲げに抵抗するので、図8.9に示したように、平面保持仮定にもとづく曲げ解析により、各部に生じる応力を算定し、曲げに対する検討を行うこともある。

3　開口隅角部・周辺部に生じる引張力

耐震壁に開口部があると、その隅角部に力の集中が起こる。また、曲げモーメントによって、開口部周辺に引張力が生ずる。それらによるひび割れを防ぐため、式8.10で求める付加曲げモーメント・付加斜張力に対して、開口部周辺に図8.10に示すように入れた補強筋と周辺部材の壁筋、柱主筋、梁主筋の負担を考慮して安全性を検証する。

$$\left.
\begin{array}{l}
\text{鉛直方向付加}\\
\text{曲げモーメント} : \dfrac{h_0}{h}Q_D \\[2mm]
\text{水平方向付加}\\
\text{曲げモーメント} : \dfrac{l_0}{2}\cdot\dfrac{h}{l}Q_D \\[2mm]
\text{斜引力} : T_d = \dfrac{h_0+l_0}{2\sqrt{2}\cdot l}Q_D
\end{array}
\right\} \cdots\cdots\cdots (8.10)$$

上式のQ_Dは、耐震壁の設計用水平せん断力とする。

4　構造規定

設計にあたっては、以下の点を満足する必要がある。

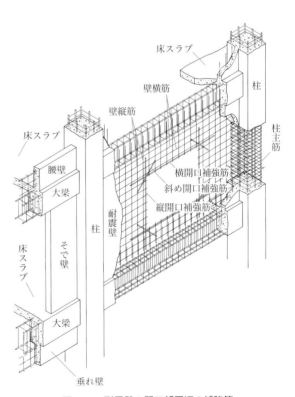

床スラブ
壁横筋
柱
壁縦筋
柱主筋
床スラブ
腰壁
大梁
横開口補強筋
斜め開口補強筋
縦開口補強筋
柱
耐震壁
床スラブ
そで壁
大梁
垂れ壁

図8.10　耐震壁の開口部周辺の補強筋
（出典：日本建築学会『構造用教材』（改訂第2版）丸善、2000、p.54）

①壁板の厚さは 120 mm 以上、かつ、壁の内法高さ
　の $\frac{1}{30}$ 以上とする。

②壁板のせん断補強筋比は、直交する各方向に関し
　て、それぞれ 0.25% 以上とする。

③壁板の厚さが 200 mm 以上の場合は、複筋配置(ダ
　ブル配筋) とする。

④壁筋は、D10 以上の異形鉄筋、あるいは φ 6 以上
　の溶接金網を用い、間隔は 300 mm 以下（千鳥配
　筋の場合は片面の間隔が 450 mm 以下）とする。

⑤開口周囲の補強筋は、D13 以上、かつ、壁筋と同
　径以上の異形鉄筋とする。

⑥壁板周囲の梁については、コンクリート全断面積
　（スラブ部分を除く)に対する主筋全断面積の割合
　を 0.8% 以上とする。

⑦開口に近接する柱（開口端から柱端までの距離が
　300 mm 未満）のせん断補強筋比は原則として
　0.4% 以上とする。

⑧柱付き壁（袖壁付き柱）では、柱のせん断補強筋
　比は原則として 0.3% 以上とする。

9章

スラブ・基礎

9

9·1 スラブ

スラブは、床荷重を支え、その荷重を梁を通して柱から基礎へ伝える。したがって、スラブは剛強であることが要求され、過大なたわみやひび割れまたは振動障害を生じないことが大切である。そのため、スラブの厚さは表9.1に示す値以上、かつ8cm以上とする。

スラブは、その辺の境界条件によって図9.1のように分けられている。aのように四辺を梁に囲まれたスラブを、四辺固定スラブといい、cのように一辺のみ固定されているものを、片持ちスラブという。

1 設計方針

スラブに設計を行う時の方針を、以下の①、②に示す。

①床スラブは、長期荷重時曲げモーメントに対して長期許容応力度設計を行う。

②床スラブの厚さは、RC規準18条に従い表9.1による。ただし、片持ち以外の床スラブの厚さは、短辺有効スパン長さの$\frac{1}{30}$以上とする。

2 設計用曲げモーメント

1. 四辺固定とみなせる長方形スラブの設計用曲げモーメント

四辺固定スラブを図9.2に示すように中央部と端部とに分けて、設計用曲げモーメントを求める。

○短辺 x 方向の曲げモーメント（単位幅につき）

両端部最大負曲げモーメント：$M_{x1} = -\frac{1}{12} w_x \cdot l_x^2$ ……………(9.1)

中央部最大正曲げモーメント：$M_{x2} = \frac{1}{18} w_x \cdot l_x^2$ ……………(9.2)

ここで、

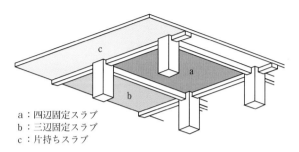

a：四辺固定スラブ
b：三辺固定スラブ
c：片持ちスラブ

図9.1 スラブの種類

表9.1 スラブ厚制限

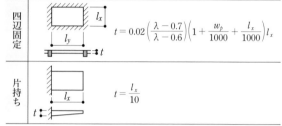

四辺固定	$t = 0.02\left(\frac{\lambda - 0.7}{\lambda - 0.6}\right)\left(1 + \frac{w_p}{1000} + \frac{l_x}{1000}\right)l_x$
片持ち	$t = \frac{l_x}{10}$

注：①軽量コンクリートの場合、表の数値の1.1倍以上、かつ10cm以上とする。
②$\lambda = \frac{l_y}{l_x}$　l_x：短辺有効スパン（cm）　l_y：長辺有効スパン（cm）
　　w_p：積載荷重と仕上荷重との和（kgf/m²）
③有効スパンとは、梁その他支持する部材間の内法寸法をいう。

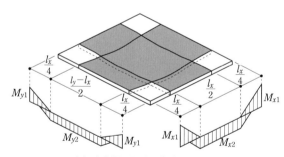

（a）中央部の設計用曲げモーメント

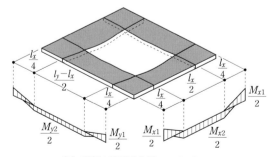

（b）端部の設計用曲げモーメント

図9.2 スラブの設計用曲げモーメント

$$w_x = \frac{l_y^4}{l_x^4 + l_y^4} w = \frac{\lambda^4}{1 + \lambda^4} w \qquad \lambda = \frac{l_y}{l_x} \quad \cdots\cdots (9.3)$$

l_x：短辺有効スパン

l_y：長辺有効スパン

w：単位面積についての全荷重

○長辺 y 方向の曲げモーメント（単位幅につき）

両端部最大負曲げモーメント：$M_{y1} = -\dfrac{1}{24} w \cdot l_x^2$ $\cdots\cdots$ (9.4)

中央部最大正曲げモーメント：$M_{y2} = \dfrac{1}{36} w \cdot l_x^2$ $\cdots\cdots$ (9.5)

2. 片持ちスラブの設計用曲げモーメント

片持ちスラブの場合は、以下のように設計用曲げモーメントを用いる。

○短辺 x 方向の曲げモーメント（単位幅につき）

元端部最大負曲げモーメント：$M_x = -\left(\dfrac{1}{2} w \cdot l_x^2 + P \cdot l_x\right)$ $\cdots$ (9.6)

ここで、

P：片持ちスラブ先端の単位幅あたりの荷重

（その他の記号は前出による）

3. 許容曲げモーメント

床スラブの許容曲げモーメントは、床スラブ筋も考慮に入れて、単位幅の梁とみなして梁の許容曲げモーメントの略算式により算定する。

$$M_a = a_t \cdot f_t \cdot j \quad \text{ただし、} \quad j = \frac{7}{8} d \quad \cdots\cdots\cdots (9.7)$$

ここで、

a_t：引張鉄筋の断面積（mm²）

f_t：鉄筋の許容引張応力度（N/mm²）

j：断面の応力中心距離（mm）

d：スラブ断面の有効せい（mm）

3　スラブ主筋間隔の算定手順

スラブ主筋の間隔は、以下の手順で算定する。

①スラブ断面の有効せいは、短辺方向が $d = t - 40$

Point

式 9.1 〜 9.5 に関して説明する。

スラブの中央で、各辺に平行な単位幅の交差梁を切り取り、それぞれの梁を取り出したものを図 9.3 に示す。短辺方向の梁は、等分布荷重 w_x を分担し、長辺方向の梁は等分布荷重 w_y を分担しており、この時、それぞれの梁の中央におけるたわみ δ_x、δ_y は以下のように表わすことができる。

$$\delta_x = \frac{1}{384\,EI} w_x \cdot l_x^4 \quad \cdots\cdots\cdots\cdots\cdots (a)$$

$$\delta_y = \frac{1}{384\,EI} w_y \cdot l_y^4 \quad \cdots\cdots\cdots\cdots\cdots (b)$$

ただし、EI は単位幅のスラブの断面曲げ剛性。

$\delta_x = \delta_y$ より、式 a と式 b から式 c が得られる。

$$w_x \cdot l_x^4 = w_y \cdot l_y^4 \quad \cdots\cdots\cdots\cdots\cdots (c)$$

$w = w_x + w_y$ より、$w_y = w - w_x$、式 c は

$$w_x \cdot l_x^4 = (w - w_x)\, l_y^4 \quad \cdots\cdots\cdots\cdots (d)$$

$$w_x \cdot (l_x^4 + l_y^4) = w \cdot l^4 \quad \cdots\cdots\cdots\cdots (e)$$

式 e より、式 9.3 が得られる。

式 9.3 より、$l_x : l_y = 1 : 2$ とすると、$w_x = \dfrac{16}{17} w$、$w_y = \dfrac{1}{17} w$ となる。つまり、細長いスラブでは、短辺方向の負担率が圧倒的に大きくなる。

この略算法の結果をもとに式 9.1、9.2、9.4、9.5 が与えられている。

短辺方向の固定端曲げモーメントは、図 9.3(a) の結果をそのまま用いて式 9.1 としている。中央部の $\dfrac{l_x}{2}$ の領域では、スラブ周囲の固定度が若干低下する可能性を考えて、図9.3(a) の $\dfrac{4}{3}$ 倍に割り増して式 9.2 としている。

長辺方向では、図 9.3(b) の値をそのまま用いると厳密解に比べてかなり小さな値になってしまい、一辺 l_x の正方形スラブの曲げモーメントが厳密解に近い値を与えることがわかっている。そこで、正方形スラブでは、$w_x = \dfrac{w}{2}$ となるので、式 9.1 と式 9.2 に $w_x = \dfrac{w}{2}$ を代入することによって、式 9.4 と式 9.5 を得ている。

結果として、長辺方向の設計用曲げモーメントを求める式 9.4、9.5 では、w を用いている。

（mm）、長辺方向が $d = t - 50$（mm）とする。

②スラブの鉄筋の長期許容応力度が $f_t = 195\,\mathrm{N/mm^2}$（SD295）の場合、必要鉄筋間隔 s は次式で求める。

$$s = \frac{0.171\,a_t \cdot d}{M} \times \frac{k \cdot d}{M} \quad (\mathrm{mm}) \quad \cdots\cdots\cdots (9.8)$$

ここで、

M：設計用曲げモーメント（kNm/m）

a_t：鉄筋断面積（mm²）

$k = 12.1$（D10 のみ使用）

$\quad = 16.9$（D10、D13 交互使用）

$\quad = 21.7$（D13 のみ使用）

4 構造規定

以下に、スラブに関する構造規定を示す。

①スラブの引張鉄筋は、D10 以上の異形鉄筋あるいは鉄線の径が 6mm 以上の溶接金網を用い、正負最大曲げモーメントを受ける部分にあっては、その間隔を表 9.2 の値とする。

②スラブの各方向の全幅について、鉄筋全断面積のコンクリート全断面積に対する割合は 0.2％以上とする。

③片持ちスラブの引張鉄筋は、計算上必要とされる量の 1.5 倍以上を配筋することが望ましい。

④床スラブの短辺長さが 3m を超える場合は、上端筋に D13 を併用することが望ましい。

問題 9.1

床スラブの長期たわみに影響を及ぼす因子を挙げなさい。

問題 9.2

スラブの設計用曲げモーメントは、短辺方向と長辺方向でどのような違いがあるか、またそれにより、スラブの配筋にどのような違いが生じるか、答えよ。

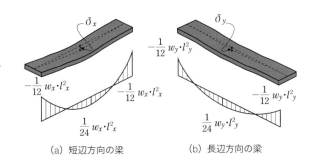

(a) 短辺方向の梁　　　(b) 長辺方向の梁

図 9.3　単位幅のスラブの変形と曲げモーメント

表 9.2　スラブの配筋間隔（普通コンクリート）

短辺方向	200 mm 以下 径 9 mm 未満の溶接金網では 150 mm 以下
長辺方向	300 mm 以下、かつスラブ厚さの 3 倍以下 径 9 mm 未満の溶接金網では 200 mm 以下

Point

式 9.8 に関して説明する。

許容曲げモーメントは式 9.7 で表せる。

$$M_a = a_t \cdot f_t \cdot j \qquad \text{ただし、} j = \frac{7}{8}d \quad \cdots(9.7、再掲)$$

M_a を設計用曲げモーメント M と置き、スラブ筋 1 本の断面積を a_t、必要鉄筋間隔を s とすると、1m = 1000 mm 内のスラブ筋は $\frac{1000}{s}$ 本だから $f_t = 195$ N/mm² を用いて

$$M = \frac{1000}{s} \cdot a_t \cdot 195 \cdot \frac{7}{8}d = 171 \times 10^3 \cdot a_t \cdot d$$

となる。よって、

$$s = 171 \times 10^3 \cdot a_t \cdot \frac{d}{M} \quad (M の単位 \mathrm{N \cdot mm/m})$$

$$= 0.171 \cdot a_t \cdot \frac{d}{M} \quad (M の単位 \mathrm{kN \cdot m/m})$$

となり、式 9.8 が導かれた。

k に関しては、D10（$a_t = 71\,\mathrm{mm^2}$）、D13（$a_t = 127\,\mathrm{mm^2}$）、D10 と D13 交互（$a_t = 99\,\mathrm{mm^2}$）を代入することにより $k = 12.1$、16.9、21.7 となる。

9・2 基礎

1 基礎構造

　すべての建物は、地面の上に建設され、自重や地震力など構造部材で支えられた力は、最終的には基礎により地面へと流れる。建物をしっかりと地盤で支持させる構造が基礎構造である。基礎構造には図9.4に示すように、建物を直接地盤で支持させる直接基礎と、深い地盤に杭を介して支持させる杭基礎に分類される。ここでは、直接基礎の基礎スラブの設計について説明する。基礎スラブの設計は、①底面積の算定と、②断面算定からなる。以下に、独立フーチング基礎の設計方法を示すが、他の方式も同様に算定できる。

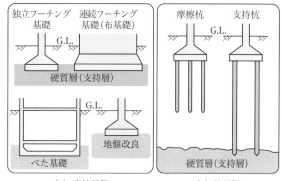

(a) 直接基礎　　　　(b) 杭基礎

図9.4　基礎構造の種類

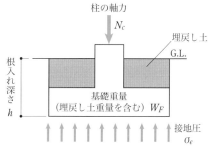

2 フーチング底面積の算定

　フーチング底面積の算定は、作用する軸方向力 N《上部構造から伝わる柱軸方向力 N_c ＋基礎重量 W_F（埋戻し土の重量を含む）》による応力度 σ_e が、地盤の許容応力度（地耐力）f_e を超えないように定める。この時の σ は、底面に一様に分布しているものと考え、次式によって算定する。

$$\sigma = \frac{N}{A} \leqq f_e \quad \cdots\cdots\cdots\cdots\cdots\cdots (9.9)$$

　　A：基礎底面積 $[\mathrm{m}^2]$ ＝ $l \times l'$

　また、基礎重量 W_F の値は、鉄筋コンクリートと埋戻し土の単位重量（単位体積あたりの重量）を含んで $20\,\mathrm{kN/m^3}$ を用い、図9.5に示した式で求める。

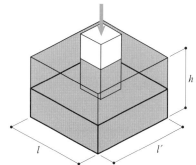

基礎重量　$W_F = l(\mathrm{m}) \times l'(\mathrm{m}) \times h(\mathrm{m}) \times 20\,\mathrm{kN/m^3}$

3 基礎の断面算定

　基礎フーチングの断面算定は次のように行う。
①長方形基礎スラブの応力度算定断面 $l' \times D$ に作用

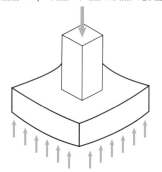

図9.5　基礎に作用する力と基礎スラブの変形

する設計用せん断力 Q_F、設計用曲げモーメント M_F、柱直下のパンチングシヤー Q_P は、次式で求める。

$$\frac{Q_F}{N_c} = \frac{1}{2} \cdot \frac{l-a}{l} \quad\cdots\cdots\cdots\cdots\cdots\cdots (9.10)$$

$$\frac{M_F}{N_c \cdot a} = \frac{1}{8} \cdot \frac{(l-a)^2}{l \cdot a} \quad\cdots\cdots\cdots\cdots (9.11)$$

$$Q_P = \left[l \cdot l' - \left\{ d(a'+a) + a \cdot a' + \frac{\pi d^2}{4} \right\} \right] \frac{Nc}{l \cdot l'} \cdots (9.12)$$

l、l'、a、a'、d は図 9.6 参照。

② 曲げモーメントに対しては、梁の曲げ略算式による断面設計を行い、鉄筋量を決定し、必要付着長さの検定を行う。

③ 基礎スラブの許容せん断力 Q_A は、式 9.13 により求め、$Q_A \geqq Q_F$ となることを検定する。算定断面の幅は全幅をとってよい。

$$Q_A = l \cdot j \cdot f_s \text{ または } Q_A = l' \cdot j \cdot f_s \quad\cdots\cdots\cdots (9.13)$$

④ 基礎スラブのパンチングシヤーに対する許容せん断力 Q_{PA} は、式 9.14 により、$Q_{PA} \geqq Q_P$ となることを検定する。

$$Q_{PA} = a \cdot b \cdot j \cdot f_s \quad\cdots\cdots\cdots\cdots\cdots\cdots (9.14)$$

ただし、$a = 1.5$、$b = 2(a + a') + \pi d$

⑤ 基礎スラブの長辺方向の鉄筋は、短辺の幅に等間隔に配置し、短辺方向の鉄筋は、長辺の中央部の短辺の長さに相当する幅の中に、式 9.15 で求められる鉄筋量を、残りをその両側に等間隔に配置する。

$$\frac{\text{短辺長さ相当幅に入れる鉄筋量}}{\text{短辺方向の鉄筋全所要量}} = \frac{2}{\lambda + 1} \cdots (9.15)$$

λ：長辺の短辺に対する比

以上の設計は、軸方向力だけを地盤に伝えるものと仮定して算定した。しかし、敷地いっぱいに建築する場合の基礎などは、偏心基礎となることがあり、この基礎には偏心によるモーメントが生じる。この場合には、偏心モーメントによる応力度を加味した設計を行う必要がある。

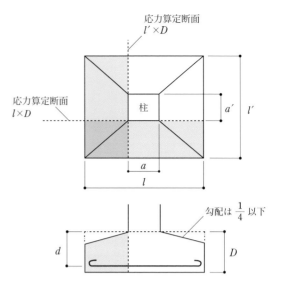

(a) 曲げモーメントに対する検定

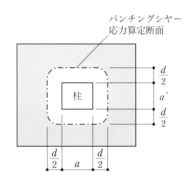

パンチングシヤー応力
算定断面の平面周長 b
$b = 2(a + a') + \pi d$

(b) パンチングシヤーに対する検定

図 9.6　基礎の設計断面

問題 9.3

直接基礎の 3 種類を挙げよ。

問題 9.4

基礎構造に必要な性能について簡単に説明せよ。

問題 9.5

図 9.6 を参考に、式 9.10 〜 9.12 を導け。

10章

鉄筋コンクリート構造の
要求性能と設計手順

10·1 鉄筋コンクリート構造の構造設計

構造物は、自重や積載荷重のように重力加速度によって生じる鉛直力と、地震や風力などの主として水平方向に働く力に対して安全であるようにしなければならない。重力加速度は絶えず作用するので、重力加速度による荷重に対しては、長期に働く力としてクリープなどを考慮した長期変形などへの考慮が必要となる。積雪に関しては、多雪地域とそうでない地域とで扱いが異なる。地震力や風力は、その時だけ作用するので、短期に働く力として、長期に働く力と組み合わせて設計する。鉄筋コンクリート構造は重量が重いので、一般の建物の構造設計は耐震設計が主たる要因となって断面が決定されることが多い。ここでは、主として耐震設計の考え方について概要を説明する。

耐震設計法は、図10.1に示したような1923年関東大震災（M7.9）、1964年新潟地震（M7.5）、1968年十勝沖地震（M7.9）、1978年宮城県沖地震（M7.4）などの大地震における建物被害とともに変遷してきた。現在の耐震設計の考え方の基本は、

①常時荷重や、比較的頻度の高い中小の地震（震度5程度、地動加速度80～100ガル程度）に対しては、建物がその機能を失わず、補修の必要がないこと。

②稀に起こる大地震（震度6～7程度、地動加速度300～400ガル）に対しては、主要構造部材と設備の致命的な大破壊を防止し、人命と最低限の財産の保全を確保すること。

となっている。この考え方で設計された建物は、1995年兵庫県南部地震（M7.2）や2011東北地方太平洋沖地震（M9.0）においても、その目標性能を確保している。この考え方を具体的に実施するために、

丸の内　東京会館　　　　　日本工業倶樂部（丸の内）

(a) 1923年関東大震災（画像提供：国立科学博物館）

（b）1964年新潟地震（県営アパート）
(出典：(研) 防災科学技術研究所：1964年新潟地震オープンデータ特設サイト(2021.3.11)、(研) 防災科学技術研究所 http://ecom-plat.jp/19640616-niigata-eq)

(c) 1968年十勝沖地震（函館大学）
(出典：日本建築学会『1968年十勝沖地震災害調査報告』1967、p.89 (東大生研提供))

(d) 1978年宮城県沖地震（大洋漁業ビル）
（写真提供：東京工業大学　林静雄）

図10.1　鉄筋コンクリート建物の代表的な地震被害

以下の方法をとる。

　稀に生じる地震に対しては、地震時に質量の慣性力として生じる水平力に等価な静的なせん断力に対して、各部材に生じる応力度が、材料の強度に一定の安全率を乗じて得られる短期許容応力度以下に収まるように設計する許容応力度設計が一般的に用いられる。部材応力の算定に当たっては、各部材が完全に弾性的に挙動するものとして、骨組みの各部材に生じる力を算定するのが一般的である。この時、ひび割れなどの微小な損傷が生じても、地震後のひび割れ幅が、耐久性上問題とならない程度に収まるようにする。

　極めて稀に生じる地震に対しては、最低限の条件として、建物は部分的に損傷を生じても崩壊させないように設計する。許容応力度法では、大地震時の弾塑性状態が評価できないため、部材の終局強度に基づく設計が行われる。ある階の柱や耐力壁の終局耐力の総和を接合条件などで修正した保有水平耐力が、大地震時の地震層せん断力に構造や形状を考慮して定められた係数 D_s を乗じて得られる必要保有水平耐力以上となるように設計する。小規模の建物の場合、層間変形や剛性のバランスに問題がなければ、壁柱量による簡略な手法を用いることもできる。

　鉄筋コンクリート建物の過去の地震被害の教訓をまとめると、

①壁量の多い建物は、地震被害が少ない。
　　・兵庫県南部地震で中破以上の被害率：ラーメン構造は 5 ～ 8%、壁式構造は 0.8%
②剛性のバランスが悪い建物は、大きな被害を受けやすい。
　　・ねじれによる被害、ピロティ建物の被害など
③配筋が不適切な RC 部材は、脆い破壊を生じやすい。
　　・せん断破壊、付着割裂破壊など
である。これらから導かれる耐震設計のポイントとしては、まず構造計画の留意点としてねじれを生じにくい建物形態とするため、
・極端なセットバックや複雑な平面形を避ける
・平面的・立面的にバランスの良い部材配置
・壁の平面的な偏在やピロティを避ける
・適量の壁をバランスよく配置
などが挙げられる。また、実施設計時には、
・適切な耐震設計の方法を選定
・建物の高さと壁量に応じた耐震性能を確保
・脆い破壊を防止するように部材のせん断破壊や付着割裂破壊を防止する部材設計を行うこと
などに留意する必要がある。

ピロティ建物　　　　　　　　　　　　　中間階破壊
　　　　　　　　　　　　　　　　　（古い基準で建てられたもの）

（e）1995 年兵庫県南部地震（出典：日本建築学会『1995 年 兵庫県南部地震　災害調査速報』1995、p120、124）

（f）2011 年東北地方太平洋沖地震（津波による被害）

10·2 建物の耐震設計法の分類

建物の耐震設計は、建築基準法にもとづく設計体系の中では、建物規模に応じて設計ルートが図 10.2 のようになっている。建物規模は鉄筋コンクリート構造の場合、建物高さで区分されている。

建物の高さが60 m を超えるものは、超高層建築物として区分され、建物の振動モデルを作成して、地震時の挙動を直接地震応答解析により検証する時刻歴解析のルートを取ることになる。この場合、指定性能評価機関で安全性に関する評価を受けて大臣認定を取得したのち、建築確認を受ける必要がある。

高さ 60 m 以下の建物のうち、31 m を超えるものは、大規模構造物として区分され、稀に生じる地震に対する構造計算法としては、許容応力度計算により安全性を検討する。極めて稀に生じる大地震時の構造安全性は、建物の終局耐力を算定して検討する保有耐力計算を行うことになる。

建物高さが31 m 以下であるが、20 m を超えるものは、剛性率、偏心率が制限値以下で、壁量などの仕様規定を満足する場合には、保有耐力計算を省略できるが、安全性の審査には、建築確認に加え、構造計算適合性判定を受ける必要がある。また、これらの規模の建物は、限界耐力計算などの別ルートの設計法を取ることにより、政令や告示などに定められた構造規定の制限を外すことができる。

高さが20 m 以下の建物は中規模構造物に区分され、稀に生じる地震に対する構造計算法としては、許容応力度計算により安全性を検討し、極めて稀に生じる地震時の構造安全性は、剛性率、偏心率、壁量などの仕様規定の制限により、安全性を検討する。安全性の審査は、建築確認により行う。上記の制限を満足しない場合には、保有耐力計算のルートで設計を行う。

建物が平家で延べ面積 200 m² 以下の場合には、小規模構造物に区分され、原則として構造計算は不要で、安全性の検証は政令や告示などに定められた構造規定の制限と、建築確認によることになる。

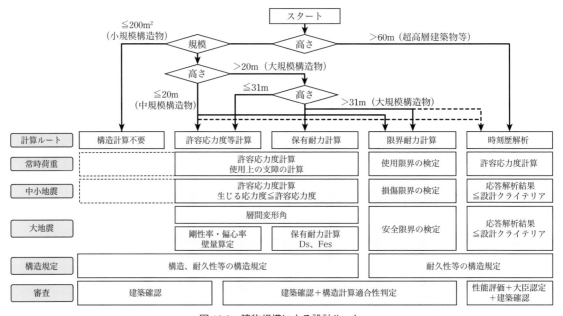

図 10.2　建物規模による設計ルート

10·3 建物に作用する荷重・外力

1 固定荷重・積載荷重

固定荷重は建物の重さであり、建物の実況に応じて計算する。構造部材については、断面に単位体積重量を乗じて算定するが、仕上げについては、単位面積当たりの重量が与えられているものが多い。

積載荷重も、建物の実況に応じて算定するが、政令で示された値を使うことが多い。表10.1に住宅の居室と事務室の積載荷重の例を示すが、荷重が集中する確率に応じて値が定められているため、スラブ、柱・梁、地震用とその対象面積が大きくなるにつれ、値が小さくなっている。

表 10.1　積載荷重（N/m²）

	スラブ構造計算用	柱・梁構造計算用	地震力計算用
住宅の居室	1800	1300	600
事務室	2900	1800	800

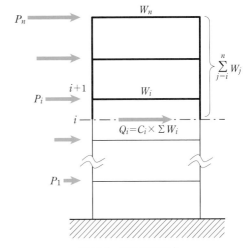

図 10.3　設計用地震力

2 設計用地震力

建築基準法では、設計用地震力は各層に作用する水平力ではなく、地震時に生じる各層の層せん断力として与えることになっている。i層の地震力（層せん断力）Q_iは、図10.3を参考に、次式で求める。

$$Q_i = C_i \times \Sigma\, W_i \quad\cdots\cdots\cdots\cdots\cdots\cdots (10.1)$$

ここで、

$\Sigma\, W_i$：当該階が支える部分の総重量
（固定荷重と地震力算定用積載荷重を加えたもの）

C_i：層せん断力係数

このため、地震時に各層に作用する水平力P_iは、せん断力の差として求めることになる。

$$P_i = Q_i - Q_{i+1} \quad\cdots\cdots\cdots\cdots\cdots\cdots (10.2)$$

層せん断力係数C_iは、次式で与える。

$$C_i = Z \cdot R_t \cdot A_i \cdot C_0 \quad\cdots\cdots\cdots\cdots\cdots\cdots (10.3)$$

ここで、

Z：地震の活動度による地域係数（$Z = 0.7 \sim 1.0$）

補正係数 Z	
	: 1.0
	: 0.9
	: 0.8
	: 0.7

図 10.4　地震地域係数（昭55建告1793号）

R_t：建物の周期と地盤の種類による振動特性係数（$R_t \leqq 1.0$）

A_i：地震層せん断力の高さ方向の分布係数（$A_i > 1.0$）

C_0：標準せん断力係数（稀に生じる地震 0.2、極めて稀に生じる地震 1.0）

地域係数 Z は、図 10.4 に示すように、地域の地震危険度をもとに、最大値を 1.0 として行政区分単位で定められている。

振動特性係数 R_t は、地震動に対する応答が建物の周期によって異なることを示す加速度応答スペクトルの性質を基に、短周期側を 1.0 に規準化し、長周期側を低減させたもので、地盤種別による応答の相違を考慮して次式で表す。

$$
\left.
\begin{aligned}
T < T_c & \quad : R_t = 1 \\
T_c \leqq T < 2T_c & \quad : R_t = 1 - 0.2\left(\frac{T}{T_c} - 1\right)^2 \\
2T_c \leqq T & \quad : R_t = \frac{1.6T_c}{T}
\end{aligned}
\right\} \quad \cdots\cdots (10.4)
$$

T は建築物の一次固有周期で、鉄筋コンクリート建物の場合、建物高さを h (m) とすると、$T = 0.02h$ とする。T_c は地盤種別により第 1 種地盤では 0.4、第 2 種地盤では 0.6、第 3 種地盤では 0.8 とする。図 10.5 に振動特性係数 R_t の周期による低減の度合いを示す。

層せん断力分布係数 A_i は、地震層せん断力の高さ方向の分布係数である。各階の質量や剛性分布をパラメータとしたモデルの応答結果から、統計的に求めたもので、次式で与えられる。

$$
A_i = 1 + \left(\frac{1}{\sqrt{\alpha_i}} - \alpha_i\right)\frac{2T}{1 + 3T} \quad \cdots\cdots\cdots\cdots (10.5)
$$

$$
a_i = \frac{\Sigma W_i}{W}
$$

W：建物の総重量

ΣW_i：第 i 層より上部の総重量

建物周期を、$T = 0.02h$ とし、各階の質量が同じで階高を 3m とした時の 4、7、10、15、20 階建て建物の A_i 分布を図 10.6 に示す。上階になるほど大きい値となっており、15 階建て建物だと最上階でおよそ 3 に近い値となっている。

標準せん断力係数 C_0 は、地震力の強さを表す指標で、標準的な建物の 1 層に生じる水平せん断力を全重量で除した値として定義される。稀に生じる地震時には 0.2、極めて稀に生じる地震時には 1.0 以上の値とする。

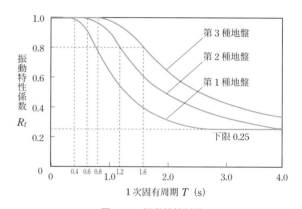

図 10.5　振動特性係数

(出典：国土交通省国土技術政策総合研究所『建築物の構造関係技術基準解説書〈2015 年版〉』2015、p.302)

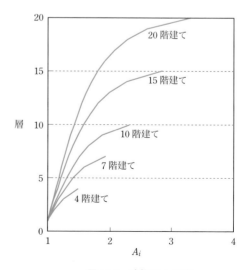

図 10.6　建物の A_i 分布

10·4 地震時の耐震安全性の検討

1 層間変形角、偏心率、剛性率

層間変形角は、図 10.7 に示すように水平力を受けた建物の各層の水平変形 δ_i を階高 h_i で除した角度 R_i として求める。稀に生じる地震時の層間変形角の検定は、鉄筋コンクリート建築物の場合にはほとんど問題になることはないが、極めて稀に生じる地震時の安全性の検討のための剛性率の計算に必要となる。稀に生じる地震時の地震力に対する層間変形角の制限値は次式で与えられる。

層間変形角 $\quad R \leqq \dfrac{1}{200}$ $\quad$ ························(10.6)

層間変形角は、解析モデルに地震時水平力を作用することにより求めることができるが、水平剛性を表す D 値によって次式で算定することができる。

$$R_i = \frac{\delta_i}{h_i} = Q_i \div \left(\Sigma D \times \frac{12\,E \cdot K_0}{h_i} \right) \quad \cdots\cdots\cdots(10.7)$$

ここで、コンクリートのヤング係数（N/mm²）で、

$$E = 3.35 \times 10^4 \times \left(\frac{\gamma}{24} \right)^2 \times \left(\frac{F_c}{60} \right)^{\frac{1}{3}} \quad \cdots\cdots\cdots(10.8)$$

$\quad K_0$：標準剛度

$\quad h_i$：階高

$\quad \gamma$：コンクリートの単位体積重量

$\quad F_c$：コンクリートの設計基準強度

高さ方向の剛性のバランスが悪いと、剛性の低い層に変形が集中することになる。図 10.8 に示したような、1 層がピロティ構造で剛性が低い場合、地震時に水平力を受けた時、変形が 1 層に集中し、崩壊の原因となる。このような変形集中を防止するため、剛性率の制限を設けている。

i 層の剛性率 R_{si} は、各階の層間変形の逆数 r_{si} の平均値 $\bar{r}_s$ に対する比として次式で求める。

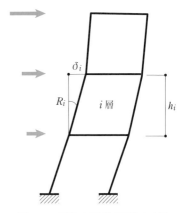

図 10.7 建物の層間変形角の定義

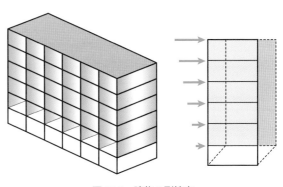

図 10.8 建物の剛性率

$$R_{si} = r_{si} \div \bar{r}_s \cdots\cdots\cdots\cdots\cdots\cdots\cdots (10.9)$$

変形集中を抑えるための剛性率の制限値は次式で与えられる。

$$\text{剛性率 } R_{si} \geqq \frac{6}{10} \quad \cdots\cdots\cdots\cdots\cdots\cdots\cdots (10.10)$$

偏心率は、建物の重心（慣性力の作用する点）と剛心（反力の作用する点）の相違の程度を示したものである。偏心には、図10.9に示したように、セットバックなどにより建物の重心位置が偏ることによる重量偏心と、耐震壁などの偏在により、剛心が偏心することによる剛性偏心とがある。水平力の合力は、重心位置に作用し、反力の合力は剛心位置に作用するので、捩れモーメントが発生し、建物に、捩れ変形が加わるため、変形が増大する。捩れると、直交方向にも変形するため、捩れ抵抗は、直交方向の剛性も寄与する。そこで、捩れやすさを表す偏心率は、直交方向の剛性も加味して求める。

捩れに対する剛性は、剛心周りの断面2次モーメントに相当し、次式で与えられる。

$$K_R = \Sigma\, D_{yi} \cdot x_i^2 + \Sigma\, D_{xi} \cdot y_i^2 \cdots\cdots\cdots\cdots (10.11)$$

ここで、D は各部材の水平剛性（D 値としてよい）、x_i、y_i は各部材の剛心からの距離を示す。これから xy それぞれの方向の断面2次半径に相当する弾力半径 r_e を次式で求める。

$$r_e = \sqrt{\frac{K_R}{\Sigma D_{x,y}}} \cdots\cdots\cdots\cdots\cdots\cdots (10.12)$$

これより偏心率 Re は、偏心距離 e を弾力半径 r_e で除して求める。

$$R_e = \frac{e}{r_e} \cdots\cdots\cdots\cdots\cdots\cdots\cdots\cdots (10.13)$$

偏心率の制限値は次式で与えられる。

$$\text{偏心率 } \frac{15}{100} \quad \cdots\cdots\cdots\cdots\cdots\cdots\cdots (10.14)$$

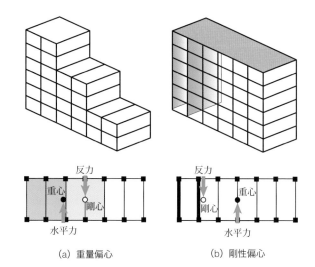

(a) 重量偏心　　　　　(b) 剛性偏心

図10.9　建物の偏心率

2　壁量などの仕様規定

RC構造物の地震被害を、建物の柱・壁量との相関で統計的に分析すると、その量に応じて地震被害が少なくなっていることが示されている。図10.10は、過去に起きた地震被害の程度とその建物の1階の壁率との関係を表したもので、志賀マップと呼ばれている。ある階の計算しようとする方向の耐力壁の水平断面積（mm²）をA_w、その階の柱の水平断面積（mm²）をA_c、その層が支える床面積の合計をΣA_fと置くと、横軸は、単位床面積に対する耐震壁の量である壁率（mm²/m²）、縦軸は、柱と耐震壁とが断面積に応じて水平力を負担すると仮定した時の大地震時におけるせん断応力度（N/mm²）を表している。ここで、最大層せん断力は大地震を想定し、1階の層せん断力係数$C_1 = 1.0$および建物の単位床重量を10000 N/m²と仮定することにより、10000 ΣA_f（N）と表すことができる。この座標軸上に、過去に起きた地震被害の程度をプロットしてみると、次式で表される曲線を境に建物の被害程度が大幅に異なることがわかる。

$$0.7\,\Sigma A_c + 2.5\,\Sigma A_w = 10000\,\Sigma A_f\ \text{(N)}\quad\cdots(10.15)$$

この結果を踏まえて、高さ20m以下の小規模の鉄筋コンクリート建物の極めて稀に生じる地震に対する安全性の検討は、次式を満足すれば、偏心率、剛性率の検討をしなくてもよいことになっている。

$$\Sigma 2.5\,\alpha\cdot A_w + \Sigma 0.7\,\alpha\cdot A_C \geq Z\cdot W\cdot A_i\ \cdots\cdots(10.16)$$

ここで、

W：その階より上の階の総重量（N）

α：コンクリートの設計基準強度（F_c）による割増係数

$$\alpha = \sqrt{\dfrac{F_c}{18}}$$

高さが20m以下の建物は、剛性率の制限（式10.10）、偏心率の制限（式10.14）の両者を満たし、

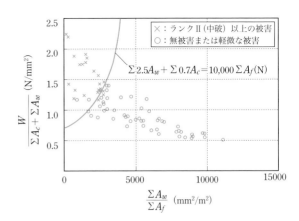

図10.10　鉄筋コンクリート建物の柱・壁量と地震被害の関係
（出典：国土交通省国土技術政策総合研究所『建築物の構造関係技術基準解説書〈2015年版〉』2015、p.378）

問題 10・1

下図に示す平面を持つ建築物の偏心率を求めよ。また、Y_2構面の壁厚を150mmとして、式10.16による安全性の検証を行え。

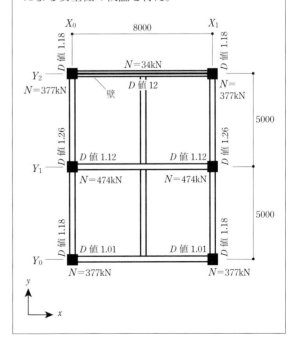

下記に示した耐震性に関する構造制限のいずれかを満たせば、構造計算が完了となる。

$$① \sum 2.5\,\alpha \cdot A_w + \sum 0.7\,\alpha \cdot A_C \geq 0.75\,Z \cdot W \cdot A_i$$
$$\cdots\cdots\cdots\cdots\cdots\cdots\cdots (10.17)$$

$$② \sum 1.8\,\alpha \cdot A_w + \sum 1.8\,\alpha \cdot A_C \geq Z \cdot W \cdot A_i \cdots\cdots (10.18)$$

これらの考え方は、地震時の振動エネルギーは、強度×変形によるポテンシャルエネルギーとして構造体に蓄積されるとの考えによる。式10.16を満足するような建物は、強度が高く、変形は少ない（図10.11の強度型）。式10.17、10.18を満足するような、ほどほどの強度を有する建物で、剛性のバランスの良いものは、どこかの層に変形が集中することもなく、ある程度の塑性変形を許容して抵抗する（図10.11の中間型）。式10.16〜10.18を満足しないような建物であれば、塑性変形能力により抵抗することになり、極めて高い変形能力が要求される（図10.11の靭性型）。このような建物の場合、鉛直部材の靭性能を確保するために、柱の帯筋比を0.3%以上とするような構造制限が付加されることが多い。

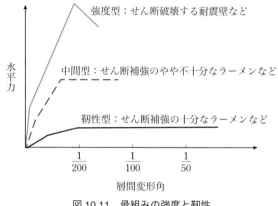

図 10.11　骨組みの強度と靭性

3　保有水平耐力

高さが31mを超えるような建物や、それ以下でも剛性率、偏心率の制限を満足しないバランスの悪い建物においては、大地震時の耐震安全性を確認するため、建物の終局水平耐力（保有水平耐力）が、一定値以上あることを検証する。極めて稀に生じる地震に抵抗するのに必要な必要保有水平耐力 Q_{un} は、式10.19で求める。この必要保有水平耐力は設計用せん断力 Q_{ud} に部材の変形性能による粘りを期待した低減係数と、建物の剛性のバランスに対する割り増し係数を乗じて求める。

$$Q_{un} = D_s \cdot F_{es} \cdot Q_{ud} \cdots\cdots\cdots\cdots\cdots\cdots\cdots\cdots (10.19)$$

ここで、

　　D_s：構造特性係数

F_{es}：形状特性係数

Q_{ud}：標準せん断力係数 $C_0 = 1.0$ 以上として求めた設計用せん断力

　構造特性係数 D_s は、建物の変形能力と地震エネルギーの消散能力に応じて、耐力を低減しても応答変形を所定の変形に収められることを期待した低減係数で、鉄筋コンクリート構造の場合、表10.2に示すように規定され、$0.3 \sim 0.55$ の値をとる。具体的な値については、柱梁部材のせん断応力度や鉛直応力度、せん断スパン比などによる区分と、耐震壁のせん断応力度による区分を組み合わせて与える。

　形状特性係数 F_{es} は、建物の平面の剛性のバランスを表す偏心率による係数 F_e（表10.3）と立面の剛性のバランスを表す剛性率による係数 F_s（表10.4）との積による割り増し係数である。F_e は捩れモーメントを考慮したもので、剛心と重心の位置が違うほど偏心率が大きくなり、割り増し係数 F_e も大きくなる。F_s は、建物の高さ方向の剛性の比率である剛性率に応じて定まる割増率で、ある層の剛性が小さい（剛性率が小さい）と、その層に変形が集中することを考慮したものである。

表10.2　架構の性状による構造特性係数 D_s

	架構の性状	D_s
①	架構を構成する部材に生じる応力に対してせん断破壊等耐力が急激に低下する破壊が著しく生じ難いこと等のため、塑性変形の度が特に高いもの	$0.30 \sim 0.40$
②	①に掲げるもの以外のもので、架構を構成する部材に生じる応力に対してせん断破壊等耐力が急激に低下する破壊が生じ難いこと等のため、塑性変形の度が高いもの	$0.35 \sim 0.45$
③	①および②に掲げるもの以外のもので、架構を構成する部材に塑性変形を生じさせる応力に対して当該部材にせん断破壊が生じないこと等のため、耐力が急激に低下しないもの	$0.40 \sim 0.50$
④	①から③までに掲げるもの以外のもの	$0.45 \sim 0.55$

表10.3　偏心率による割り増し係数 F_e

偏心率 R_e	F_e
$R_e \leqq 0.15$	1.0
$0.15 < R_e < 0.3$	直線補間
$R_e \geqq 0.3$	1.5

表10.4　剛性率による割り増し係数 F_s

剛性率 R_s	F_s
$R_s \geqq 0.6$	1.0
$R_s < 0.6$	$2.0 - \dfrac{R_s}{0.6}$

地震に対する要求性能と構造設計方法

多くの地震国において、耐震設計の基本は大地震時においても人命を保護することにあり、適切な強度を建物に与え、崩壊を防止することを第一の目標としている。ここまで示した耐震設計の流れは、そのような観点からの法律にもとづく最低限の仕様であり、人命保持が目的であり、大地震後に建物の財産価値が残ること、あるいは、継続して使用できることをなんら保証していない。しかし、鉄筋コンクリート構造建物の構造設計においても、性能設計が指向されるようになり、また、阪神・淡路大震災(兵庫県南部地震)以降、大地震後でも建物を使えるという要求が強くなってきている。

このような要求を満足させるためには、建物の損傷が評価できるように、地震時の応答変位にもとづく設計が必要となる。表10.5に、耐震設計グレードの例を示した。耐震設計のグレードが上がるにつれ、解析手法も高度化し、限界耐力計算による変形を基本とした設計法や、より高度になると、時刻歴解析により直接地震時の挙動を評価して、大臣認定を経て建築確認を取得するルートを取ることになる。

今後の耐震設計の方向としては、設計者が地震時における構造部材の損傷程度などを考慮して、目標とする建物の変形レベルを定め、それを満足させるための構造形式、構造部材を定めることとなるであろう。今後は、性能規定型への志向が強まり、地震時の建物の変形に対応する要求性能に合致する構造部材の設計という形に発展していくものと考えられる。

逆に、部材の性能の制限により建物の応答の制限値を定める設計法も可能になるであろう。必要耐力という観点からは、設計で想定する応答変位での塑性率などの制限からや、変形をある制限に収めるための剛性確保の意味からその必要性が論じられるようになるであろう。耐力は、設計クライテリアそのものではなく、クライテリアを満足させるための手段であり、設計者の判断のもとに設定すべきものである。設計法そのものは、直接変形を目標としたものとして確立されるべきであると考える。

表10.5 耐震設計グレードの例

耐震性能グレード	目標とする損傷レベル				設計解析手法	構造・構法
	小～中地震(震度5)	中地震(震度6弱)	大地震(震度6強)	巨大地震(震度7)		
Sランク特別な建物	無被害(補修不要)			軽微な被害(補修不要)	静:立体弾塑性 動:立体弾塑性	免震構造
Aランク大地震後も機能維持			軽微な被害(補修不要)	小破(補修後使用可)	静:立体弾塑性 動:立体弾塑性	免震構造制震構造
Bランク大地震後も使用		軽微な被害(補修不要)	小～中破(補修後使用可)	大破(再使用可)	静:立体弾塑性 動:質点系 or 立体弾塑性	制震構造高層建物高耐震構造
Cランク大地震時に崩壊せず	軽微な被害(補修不要)	小～中破(補修後使用可)	大破(再使用困難)	倒壊	静:立体 or 平面 動:なし	耐震構造

11章

鉄筋コンクリート構造の
施工管理

11・1 鉄筋コンクリート工事の概要

　一般的な鉄筋コンクリート建物は、基本階は同じような平面であることが多く、工事は、各階で次のような繰り返しの工事となる。

　工事の流れを図11.1に示す。

1. 墨出し

　スラブ上に、測量用のトランシット（最近はレーザー墨出し器）などを用いて、設計図書の基準線（芯墨、親墨）を墨で描く。設計図書の基準線は、柱筋や壁筋などに邪魔されて真っ直ぐに描けないことが多いので、現場では1mずらした両側に線を描く。これをメータ墨（逃げ墨、返り墨）と呼ぶことが多い。型枠大工や設備担当者は、このメーター墨を基準として柱や壁、ユニットバスなどの設備機器の位置を出していく。これを子墨という。

　また、高さ方向の基準としてレベルを用いて設計床レベルから1mの位置に陸墨を出しておく。

　墨出しに用いる測量機器の例を図11.2に示す。

2. 柱筋組立て・型枠組立て

　鉛直部材の配筋を終えたのちに柱、壁の型枠を組んでいく。最初に柱主筋の組立てが始まる。柱主筋は、1階分ずつの寸法に切断されて搬入されるので、床から1m弱までの位置までしかない。一般にはガス圧接によってつながれる。これに帯筋を巻き付けて、柱筋を組み立てる。柱筋は、帯筋で緊結されているので自立できるため、柱筋が組み立てられた後に型枠が施工される。壁筋は自立できないので、片方の型枠を先に立ち上げ、壁筋の配筋を行った後、残りの型枠（返し）を施工する。

3. スラブ型枠組立て

　鉛直材の型枠が終了すると、引き続きスラブ、梁

(a) トランシット（出典：Nikon HP）

(b) レベル（出典：TAJIMA HP）

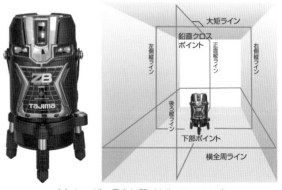

(c) レーザー墨出し器（出典：TAJIMA HP）

図11.2　墨出しに用いる測量機器の例

①墨出し

②柱筋・型枠の組立て

③スラブ型枠の組立て

④梁・スラブ型枠

⑤梁鉄筋の組立て

⑥梁鉄筋圧接

⑦スラブ鉄筋の配筋

⑧設備・電気配管の埋込み

⑨コンクリート打設

図 11.1　一般的な鉄筋コンクリート工事

などの水平材の型枠を組んでいく。水平材の型枠は、サポートなどによって所定の高さに支えられている。

4. 梁鉄筋配り、圧接、組立て

梁主筋を所定の場所に配り、長尺で2つに分かれているものは、一般にはガス圧接によってつながれる。その後で、あばら筋によって緊結する作業が行われるが、梁型枠内での作業は困難なため、型枠上部で行われる。この時に設備工事で必要な梁貫通孔用のボイドの設置やその補強のための配筋が行われる。その後、型枠内に落とし込む。

5. スラブ鉄筋配筋

梁鉄筋に続いて床スラブの配筋が行われる。

6. 設備関連埋込み、コンクリート打設

スラブ内に、電気設備用の埋込みは移管を行う。最近はビニールの蛇腹管が用いられることが多いが、この部分は強度がないので、重なり合わないように注意が必要である。

その後、コンクリートを打設する。

コンクリート打設が終了し次の階の床面ができたら、1.からの手順を繰り返していくことになる。

11·2 施工管理の概要

構造物は、設計図書に記載されたように現場で作製されなければいけない。設計者は設計図書通りに作製されているかを監理し（これを設計監理と言い、設計業務の一環である）、施工者は、設計図書通りにものができるよう施工管理を行う。設計者と施工者の「かんり」は、読みが同じでも漢字が違うように、内容が異なる。設計者の行う「かんり」は、「監理」であり、施工者が設計図書通りに作製しているかを監督するものであるのに対し、施工者の行う「かんり」は、「管理」であり、自らが行うものである。

施工者が、建設現場で行う鉄筋コンクリート工事に関する施工管理は一般に次の5つがメインとなる。

I. 品質管理：QC 工程表

  A）鉄筋工事

  B）型枠工事

  C）コンクリート工事

II. 原価管理

III. 工程管理

IV. 安全管理

V. 環境管理

このうち、I. 品質管理は ISO9000s にもとづいて行われていることがほとんどで、建設会社の多くが ISO9000s の認定を受けている。日本では、ISO9000s が制定される前より品質管理に関する認定が行われていた。TQC 活動と呼ばれ、1980 年代は建設会社でも認定を受ける（デミング賞）ところが多かった。この活動はやがて行き詰まり、品質マネジメントシステムである ISO9000s が導入されていくことになるが（図 11.3）、具体的な品質管理の手順として QC 工程表が整備されていった。QC 工程表は、材料の納入から工事終了までの工程の各段階での、管理項目、管理水準、管理方法を工程の流れに沿って記載した表である。鉄筋工事の QC 工程表の一部の例を表 11.1 に示す。現場での品質を確保

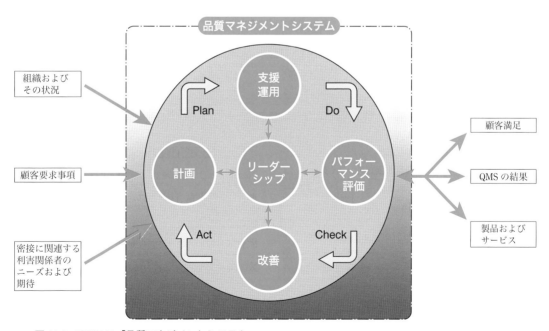

図 11.3　ISO9001「品質マネジメントシステム」（出典：一般社団法人日本能率協会 審査登録センター HP より作成）

するために、作業単位ごとに、どのような「管理項目」について「管理水準」を担保するために誰が責任を持ってどのように「管理・確認」するかを表したものとなっている。この QC 工程表が、ISO9000s の道具の一つとして、各建設会社で各工事に対して用意されている。

原価管理は会社にとって重要で、現場の所長は建築工事費の実効予算書を作成し、受注時より要求品質を保ちつつ工事原価を下げ、利益を上げることが要求される。

工程管理は、受注時に決まっている全体工程表を月間工程表、週間工程表として作業割り当てを決め、工程期間内に終了させるようにする。当日の作業内容については、前日に全工種の職長と建設会社職員による打合せにより、作業内容の確認による工程会

議と、作業内容に対する危険作業の事前評価による安全管理が行われる。

安全管理は、現在の建設現場で重要課題であり、事故を起こさないような事前の準備と対策が要求される。作業所にいる、各会社の責任者と現場の統括安全管理者とによる月1回の安全大会などを通じて、現場で働く作業員に周知される。また、各作業員は、朝の朝礼時に職長を中心として危険予知ミーティング（KY ミーティング）を行い、その日の作業の危険性についてあらかじめ認識しておくことが求められている（図 11.4）。

環境管理は、建設業各社において ISO14000s が導入され、各社で設定した環境に関する方針や目的に整合して、環境に及ぼす影響を管理することによって、健全な環境パフォーマンスを達成し、それを実

表 11.1　QC 工程表の例

鉄筋工事（一般階）標準 QC 工程図			工事名			工期 自　．．．～ 至　．．．				
記事						作	作成修正		承認者	作製者
プロセスフロー		管理項目		管理水準		管理又は検査方法				異常時の処置	書類
工程	作業					時期	測定・検査方法	頻度	資料		
設計図書の確認	設計図検討	仕様書確認		使用鉄筋の種別・定着長さ継手長さ・継手方法		工事着手前	照合	物件ごと	設計図書仕様書	監理者との協議	
		ひび割れ対策補強筋		技術標準シート		〃	〃	〃	〃	〃	ミルシート
工事施工計画書	施工図、加工図作成	本数、寸法、間隔、継手・位置、継手長さ、定着長、余長など		設計図書、仕様書		加工前	照合	各図ごと	設計図書仕様書	修正	
材料発注・加工	鉄筋加工	加工寸法の精度	肋筋、帯筋、スパイラル筋	±5mm		加工時	スケール	各階ごと	施工図	〃	
			上記以外　φ28、D25 以下	±15mm							
			〃　　　φ32、D29 以上	±20mm							
			加工後の全長	±20mm							
受入れ・検査	受入れ検査	鉄筋の品質		規格品		搬入時	スケール	鉄筋種類径別	ミルシート	返品、交換	ミルシート
鉄筋組立て	柱筋検査	柱脚部主筋位置（被り）	打放し	50mm ＋フープ筋径以上		圧接前	スケール	各階各柱ごと	設計図書仕様書	台直し・増コン	
			仕上有	40mm ＋フープ筋径以上							
		本数、径、XY 方向寄せ筋の配置		設計図書、仕様書		圧接前	目視	各階各柱ごと	設計図書仕様書	修正	検査結果報告書抜取写真
		継手高さ位置		500mm 以上、$\frac{3}{4} h_0$ 以下		圧接前	スケール	各階各柱ごと	設計図書仕様書	〃	
		隣合う継手間隔	チドリ	400mm 以上（圧接）		圧接前	〃	各階各柱ごと	設計図書仕様書	〃	
			チドリ	0.5L 以上（重ね）							
	柱筋圧接	圧接部外観形状	圧接部のふくらみ	1.4d 以上		圧接後	ノギス、スケール目視	各階各柱ごと		再圧接	検査結果報告書抜取写真
			圧接部の長さ	1.2～1.5 倍							
			軸の芯ずれ	$\frac{1}{5} d$ 以内							
			ひび割れの有無								
		圧接部強度試験		圧接部の強度が母材強度未満か圧接面での破断　；不合格		圧接後	引張試験	各階ごと		再試験	施工図に抜取位置
		再試験		圧接部の強度が母材強度以上		圧接後	引張試験	不合格ごと		監理者との協議	

証できるようにする仕組みの構築を行っている(図
11.5)。

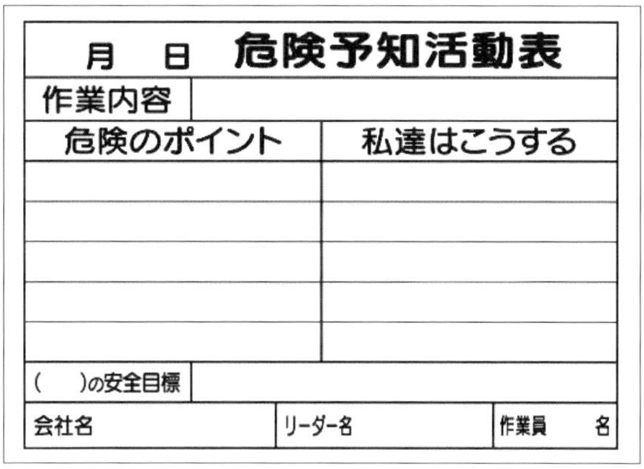

図 11.4　KY ミーティングに使うホワイトボードの例

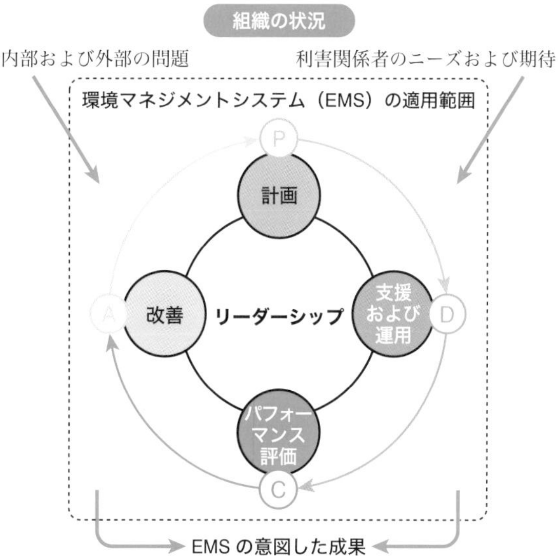

図 11.5　ISO14001「環境マネジメントシステム」
（出典：一般社団法人日本能率協会 審査登録センター HP より作成）

11·3 建築現場における品質管理

1 鉄筋工事

　図 11.6 に鉄筋工事のフローを示す。一般には、設計図書を確認して、施工図、鉄筋工事施工計画書を作成する。『公共建築工事標準仕様書（建築工事編）』[*1]によれば、「品質計画、施工の具体的な計画並びに一工程の施工の確認内容およびその確認を行う段階を定めた施工計画書（工種別施工計画書）を、工事の施工に先立ち作成し、監督職員に提出する」となっており、公共建物の工事では、施工計画書が必ず作成され、品質管理項目が記載される。この時の主なチェックポイントとしては、以下のものがある。

・鉄筋の本数と鉄筋と鉄筋のあき寸法
・鉄筋のかぶり厚さ
・鉄筋末端部のフック
・鉄筋の定着
・鉄筋の継手
・ひび割れ補強
・設備との関係

　鉄筋工事は、鉄筋工事施工計画書にもとづいて、進められる。主な品質管理項目は、鉄筋材料の受入れ検査、鉄筋の組立て時の工程内検査、組立て後の配筋検査となる。受入れ検査では、加工された鉄筋の数量と寸法を納入表などにより確認する。配筋検査では、必要なかぶり厚さが確保されているか、鉄筋種別や径、本数、鉄筋間隔や2段筋の位置、定着位置と長さなどについて確認する。

　鉄筋は、長尺物は運搬ができないので、現場でつないで用いられる。この部分を鉄筋継手と言う。鉄筋継手には重ね継手、溶接継手、ガス圧接継手、機

＊1　https://www.mlit.go.jp/gobuild/gobuild_seibi_h28hyoujyun.html

設計図書の確認	設計図書の確認
施工図作成	コンクリート躯体図作成
工事施工計画書作成	工事施工計画書作成
材料発注・加工	材料発注・加工
受入れ・検査	受入れ・検査
鉄筋組立て	型枠組立て
工程内検査	工程内検査
監理者の配筋検査	コンクリート打設
	型枠解体

図 11.6　鉄筋工事のフロー　　図 11.8　型枠工事のフロー

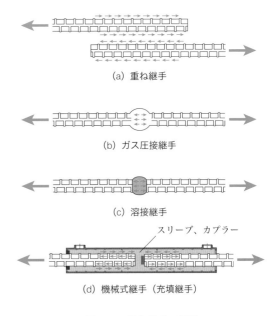

(a) 重ね継手

(b) ガス圧接継手

(c) 溶接継手

スリーブ、カプラー

(d) 機械式継手（充填継手）

図 11.7　鉄筋継手の種類

械式継手があり（図11.7）、それぞれの管理方法が定められている。重ね継手では、重ね長さ継手位置、かぶり厚さ、鉄筋間隔を確認する。

溶接継手（開先を明けたアーク溶接継手）は、施工前試験により技量を確認し、超音波探傷検査、引張試験などの破壊検査によって品質を確認する管理が行われる。ガス圧接継手では、溶接継手と同様の検査のほか、圧接部の膨らみの直径、長さ、圧接面のずれ、鉄筋中心軸の偏心量、圧接部の折れ曲がりや焼き割れ、へこみ、垂れ下がり、および内部に欠陥がないことなどの確認を行う。

機械式継手では、鉄筋のカプラーへの挿入長さを確認する。グラウト式のねじ節鉄筋継手の場合、グラウト材の充填度を確認、トルク式のねじ節鉄筋継手や端部ねじ加工継手の場合は抜き取りでトルク値を確認、充填継手は充填度を確認するなどの管理が行われる。

鉄筋継手の管理は、国土交通省の告示（平12建告第1463号：鉄筋の継手の構造方法を定める件）を満足させるために、鉄筋継手メーカーが必要な管理方法を定めた項目に対して行うことになる。

2　型枠工事

型枠自体は、コンクリートが固まったのちに解体される仮設物であるが、コンクリート躯体の精度に直接影響するので、鉄筋コンクリート構造においては重要な品質管理項目となる。図11.8に型枠工事のフローを示す。一般には、設計図書を確認して、施工図（コンクリート躯体図）、型枠工事施工計画書を作成する。コンクリート躯体図にもとづいて型枠大工は子墨を出し、型枠を加工し組み立てる。型枠材の加工は、工場で行われることが多くなり、現場では、加工された型枠の受入れ時に寸法や形状に関する受入れ検査を行う。

型枠工事における各工程は、
①墨出し

Point

ひび割れ防止に関しては設計・鉄筋工事・コンクリート工事の各段階で以下に示すチェックポイントを考慮しておく必要がある。

設計
□ エキスパンションジョイント
□ 垂直目地の位置
□ 水平目地の位置
□ 目地の深さ
□ 水平・垂直目地の区画面積
□ 外壁の壁筋比
□ 外壁の壁厚

鉄筋工事
□ 鉄筋補強（小スパン4m未満の場合）
□ 誘発目地と鉄筋補強
　・中スパンの場合
　・大スパンの場合
□ 開口部ひび割れ防止筋の量
□ 開口部ひび割れ防止筋の許容位置
□ スリーブ廻り補強筋
□ 設備配管の位置

コンクリート工事
□ コンクリートの品質管理
□ 打継部の処理
□ 鉄筋のかぶりの確保
□ コンクリートの打設方法
□ コンクリートの養生
　・散水
　・夏期養生

・親墨と躯体図により、型枠位置に子墨を出す。

②加工
・コンクリート躯体図にもとづいて、型枠加工図を作成。
・取外しが容易にできるように、組み方を考慮。

③組立て
・断面寸法の許容差の標準値が、型枠の組立て精度の目安。
・型枠組立ては「型枠組立て作業主任者」の有資格者が指揮する。

④清掃・点検・水湿し

⑤コンクリート打込み

⑥型枠の取外し
・せき板は、コンクリートの強度が、$5\,\mathrm{N/mm^2}$ に達するのを目安として取り外す。
・支保工は、十分な安全性が得られる強度が発現するまで存置する。

となる。各工程における工程内検査項目をまとめると、表 11.2 のようになる。

　型枠の構造計算として、鉛直荷重として、型枠自重、鉄筋コンクリート材料の重さ、コンクリート打設時の作業荷重として、労働安全衛生規則で 1500 $\mathrm{N/m^2}$ を考慮することになっている。また、多雪地域では積雪荷重の考慮も必要である。水平力としては、コンクリートの側圧、コンクリート打設時の衝撃力を考慮し、コンクリートの偏心による水平力、風力、地震力なども検討しておく必要がある。これらの検討により、セパレータ、フォームタイの数と位置などを決める必要がある。一般に、最下部がコンクリートの側圧が大きくなるので、最下層のセパレータが高すぎると、足下からコンクリートが吹き出すことになりかねないので、注意が必要である。

3　コンクリート工事

　図 11.9 にコンクリート工事のフローを示す。設計図書を確認して、コンクリート工事施工計画書を

表 11.2　型枠工事における工程内検査

検査時期	検査内容
受入れ検査	加工した型枠材部材の寸法・形状
建込み前検査	型枠の建込み位置を示す子墨
コンクリート打設前検査	型枠の建込み位置・精度、建入れ精度
	鉄筋のかぶり厚さ確保
	支保工の位置と数量
	セパレータ、フォームタイなどの位置と数量
	型枠内の清掃状況
コンクリート打設時検査	コンクリートの漏れ出し
	型枠、支保工などの移動や変形
	フォームタイなどの緩み
型枠脱型後の検査	でき上がり寸法
	肌合い（じゃんか、豆板の有無）

設計図書の確認・計画書作成

↓

材料の調合

↓

コンクリート製造

↓

輸送

↓

受入れ・検査

↓

ポンプ圧送

↓

打込み・締固め

↓

養生

↓

躯体検査

図 11.9　コンクリート工事のフロー

作成する。その後、レディーミクストコンクリート工場で所定の水セメント比で設計基準強度が確保できるか確認するための試し練りを行う。これは、設計監理者立ち会いの下に行う必要がある。JIS A 5308 に適合するレディーミクストコンクリートを用いる場合は、監理者の承認を受けて試し練りを省略することもできる。試し練りは、使用材料の確認、フレッシュコンクリートの性状確認（コンクリートのスランプ、空気量、温度、塩化物量、ワーカビリティ）、圧縮強度試験用供試体などの採取を行う。性能確認は、圧縮強度試験結果が必要となる。そのため強度管理材齢が 28 日の場合はコンクリート打込み予定日の 1 か月以上前に試し練りを行う必要があるので注意が必要である。

　コンクリートの発注は、躯体図をもとに必要数量を拾い出し、以下のことに留意して行う。

・工場から現場までの距離（練り始めから打込み完了までの時間を満足できる距離）
・コンクリートの種類（普通、軽量、高強度）
・セメントの種類（普通ポルトランドセメントなど）
・骨材の種類（砂利・砕石など）
・粗骨材の最大寸法（25 mm・20 mm など）
・呼び強度
・スランプ
・混和材料の種類や空気量、単位水量など

　各工程における工程内検査項目をまとめると、表 11.3 のようになる。コンクリートの受入れ検査は、最初のコンクリートが現場に搬入された時と、所定の量（例えば 150 m³）ごとに行う。コンクリート強度に直結する単位水量と施工性を確認するためにスランプ試験と空気量試験を行い、圧縮強度確認用の供試体の採取を行う。また、塩化物量確認試験も行われることが多い。骨材のアルカリ量は、事前に書類で確認することにしている例が多い。最近は、直接単位水量を確認するマイクロウェーブを用いた試験も行われるようになってきた。

　打設時の検査として、鉛直材の寸法は型枠によって決まっているので型枠が保持されているかを確認するだけだが、水平材（スラブ）は、厚さをチェックする必要がある。また、差し筋、埋込み金物、サッシアンカーなどが、設計図書通りに設置されているかチェックする。加えて、コンクリート表面仕上げ管理として、床押さえの管理が必要である。

　打設後の管理項目としては、コンクリート表面の養生に注意する。夏期においては、硬化が始まった後、十分な散水養生が必要であるし、冬期には、シートなどによる養生により、表面の凍結を防ぐ必要がある。

表 11.3　コンクリート工事における工程内検査

検査時期	検査内容	検査方法
コンクリート受入れ検査	呼び強度、指定スランプなど	納入書による確認
	単位水量	調合表
	アルカリ量	材料の試験成績書
	スランプ値	スランプ試験
	空気量	空気量試験
	塩化物量	塩化物試験
	供試体採取	圧縮強度
コンクリート打設時検査	躯体寸法	型枠状況目視
	スラブ厚	スケール確認

11・4 原価管理と工程管理

1 実行予算

　一般に、工事現場の責任者は、受注が確定したら、「実行予算書」を作成する。必要な資材の量と単価を詳細に見積もり、最終的な原価が決まる。受注時に赤字のものでも、下請け業者と発注金額について交渉することで、利益を生み出すことが求められている。

　かつての建築現場は、独立性が高く、現場の所長は、その現場が一つの会社で、社長のようなものであり、所長の裁量によるところが多かったが、現在では、会社としてのルールの中で実行予算が会社として組み立てられているところが多い。

　建築工事における工事費の構成は図 11.10 に示したようになる。実行予算は、工事原価について詳細に予算計画を立てるもので、主として、純工事費のうち直接工事費について詰めておく必要がある。直接工事費の費目としては、直接仮設、地業、鉄筋、コンクリート、型枠、鉄骨、既製コンクリート部材、防水、石、タイル、木工、屋根およびとい、金属、左官の各工事に対する数量と単価から算定する。現場での原価管理においては、協力業者別に算定した方が管理がしやすいので、実際の管理は、専門工事業者別に組み替えて管理することが多い。現場職員も、工程管理を行う上で、実行予算書の数値を知っておくことが望まれる。

2 工程管理

　工事工程は、受注時に請負契約で工期・引き渡し日が決まるので、それにもとづいて引き渡し日までの全体工程表を作成する。工程計画は、手順計画と日程計画の両者からなり、構法、全体の作業量、実作業時間を勘案して定める。図 11.11 に全体工程表の例を示す。着工から竣工までの各階の工事の概略の日にちを定めている。一般的には矢印の長さで期間が示されるアロー型ネットワーク図で示されることが多い。これを元に月間工程表、さらに、図 11.12 に示す週間工程表として作業割り当てを決め、工程期間内に終了させるようにする。これらの工程表には、各作業の開始から終了までを棒状に表現したバーチャート式工程表が用いられることが多い。

　当日の作業内容については、前日に全工種の職長と建設会社職員による打合せ時の作業内容の確認により、各工種における場内への搬入時間、経路、クレーンなどの仮設設備の使用時間の調整などの工程会議と、作業内容に対する危険作業の事前評価による安全管理が行われる。

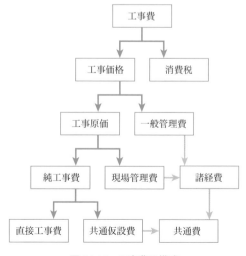

図 11.10　工事費の構成

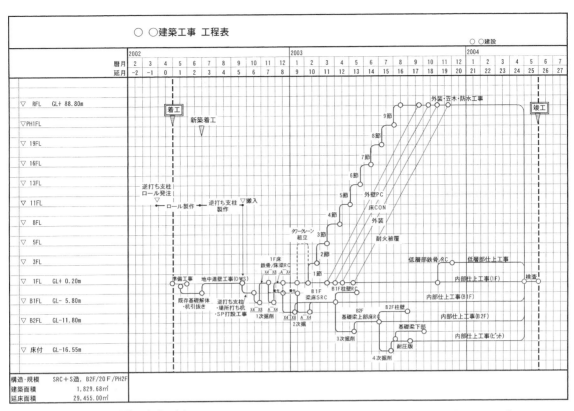

図 11.11　全体工程表の例（出典：日本建築学会『建築工事における工程の計画と管理指針・同解説』2004、p.33）

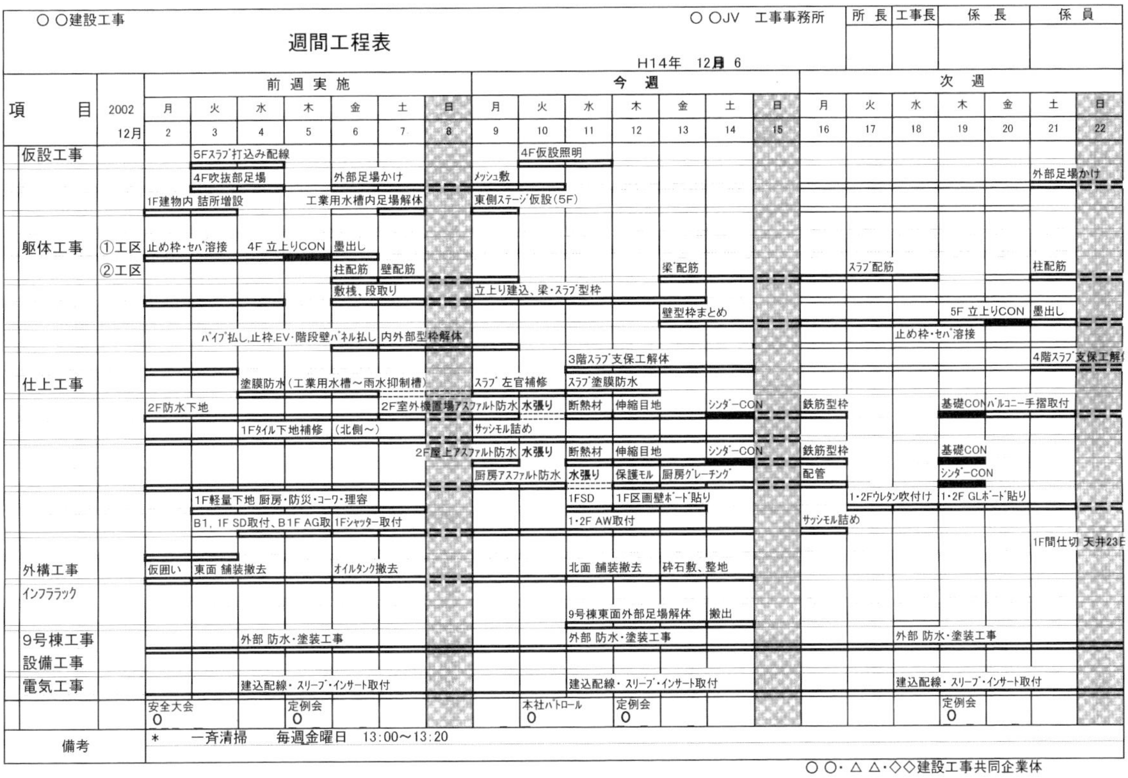

図 11.12　週間工程表の例（出典：日本建築学会『建築工事における工程の計画と管理指針・同解説』2004、p.36）

安全管理と環境管理

1 安全管理

　建築工事は屋外作業、高所作業などを伴うため、労働災害が他産業に比べ多い。図11.13は、労働災害発生状況の推移を示したものである。全産業での労働災害死亡者のうち建設業での死亡者はおよそ$\frac{1}{3}$を占めている。安全管理について建設業界も重要課題の一つとして取り組み、労働安全衛生マネジメントシステムにもとづく予防的・継続的活動を展開し、その成果として絶対数は減少してきており、全産業に占める割合も、1960年代は$\frac{1}{3}$強だったものが、2018年は$\frac{1}{3}$弱と徐々に低下してきている。安全管理は、現在の建設現場で重要課題であり、事故を起こさないような事前の準備と対策が要求される。

　建設業においては図11.14に示したような複数の関係請負人の労働者が混在する場所であり、労働安全衛生法では、労働者の数が50名以上の場合には、統括安全衛生責任者を選任し、元方安全衛生管理者を指揮して、次の事項について統括管理することになっている。

①協議組織の設置および運営

　労働安全衛生法第30条にもとづき元方事業者が災害防止協議会（安全衛生協議会）を設置し統括安全衛生責任者が運営する。一般には、その日に全作業員を集め、安全衛生大会を開催し、全作業員の安全意識を高め、周知する。

②作業間の連絡および調整

　翌日の作業打合せ時に、作業内容に対する危険作業の事前評価を行い、各作業員に、朝の朝礼時に職長を中心として危険予知ミーティング（KYミーティング）を行い、その日の作業の危険性についてあらかじめ認識させておく。

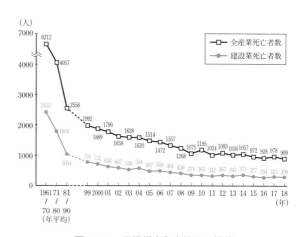

図11.13　労働災害発生状況の推移
（出典：日本建設業連合会『建設業ハンドブック』2019）

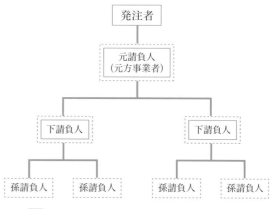

1. ▢ 内の者は、一の場所で行う事業の仕事の一部を請負人に請け負わせているものを指す。

2. ⸬ 内の者は、一の場所で自ら仕事を行っているものを指す。

図11.14　建設業の業務形態（出典：厚生労働省HP）

③作業場所の巡視

④関係請負人が行う労働者の安全衛生教育に対する指導および援助

現場に新規に入った作業者に対して、危険性を認知させるための新規入場者教育を行う。

⑤仕事の工程に関する計画、作業場所における機械、設備等の配置計画を作成および当該機械、設備等を使用する作業に関し関係請負人が安衛法またはこれにもとづく命令の規定にもとづき講ずべき措置についての指導。

作業員の編成状況（作業の責任者、資格、再下請の実態と適正配置）、機械・設備の使用方法（作業内容、使用時間、台数など）を把握し、機械・設備の「定期自主検査」を行う。

⑥その他労働災害を防止するために必要な事項

2 環境管理

環境管理は、建設業各社において重要な管理項目として認識されており、日本建設業連合会では、図11.15 に示すような「地球規模の課題である温暖化対策、循環型社会の構築、生物多様性の保全は、建設業にとっても重要な課題であり、事業のライフサイクルを通じ、エネルギー多消費型産業からの脱却および持続可能な社会の実現に向けた活動」として「建設業の環境自主行動計画」を定め、CO_2 排出量削減などの環境活動に取り組んでいる。

建設工事に伴う廃棄物については、2000 年に「建設工事に係る資材の再資源化などに関する法律」（建設リサイクル法）が制定され、図11.16 に示したような特定建設資材・特定建設資材廃棄物を再資源化することなどが義務付けられた。図11.17 に示したように、最終処分量は、再資源化などにより減少傾向にあるが、排出量は増加している。社会資本の維持管理・更新工事の増加により、建設副産物発生量の増加が想定されている。より一層の再資源化などによる建設リサイクルの推進が求められている。

	テーマ	項目
M 環境経営	法令順守　主体間連携 **環境経営の実践** 環境設計　情報公開	①環境経営の充実に向けた活動の展開 ②環境配慮設計の促進
C 低炭素社会	**LCCO₂ の削減** 調達 ▼ 設計 ▼ 施工 ▼ 運用 ▼ 維持管理 ▼ 解体・廃棄	①施工段階におけるCO_2の排出抑制 ②設計段階における運用時CO_2の排出抑制
R 循環型社会	**建設副産物対策** 発生抑制 ▼ 分別 ▼ 適正処理 ▼ 再利用	①建設廃棄物の対策 ②有害廃棄物等の対策 ③建設発生土の対策
N 自然共生社会	山林　都市 **生物多様性の保全** 里海　水辺	①生物多様性の保全および自然環境の創出による持続可能な社会の実現

図 11.15　建設業の環境自主行動計画
（出典：日本建設業連合会『建設業ハンドブック』2020）

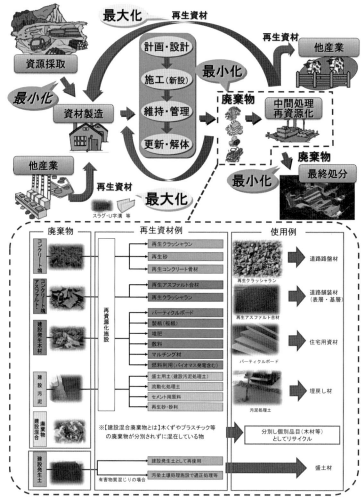

図 11.16　建設リサイクルの定義（出典：国土交通省 HP）

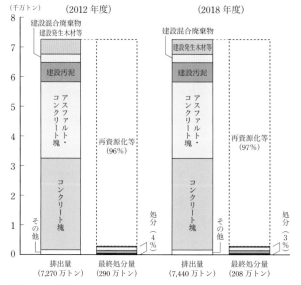

図 11.17　建設廃棄物の排出量と最終処分量（出典：日本建設業連合会『建設業ハンドブック』2020、資料出所：国土交通省）

問題解答

問題 1.1 ▶ p.16

①

引張に弱いコンクリートを鉄で補強し、それぞれの欠点を補う（下表）。

コンクリート	鉄筋
引張に弱い	引張に強い
アルカリ性	錆びやすい
かぶり厚さ	座屈
	熱に弱い

線膨張率がほぼ同じで一体性が保てる。居住性、コスト等のバランス

②

強度：耐震壁の量とバランスのよい配置（壁量と偏心率）、上下方向の剛性のバランス

靭性：粘りのある部材、せん断破壊させないで曲げ降伏、降伏後の靭性確保、高軸力柱の横拘束
　　　筋による靭性確保

③

部材の 4 隅に主筋

　引張の働くところに、必要量の主筋

　主筋と直交方向にせん断補強筋

　柱　　帯筋　　　Hoop

　梁　　あばら筋　stirrup

④

　かぶり厚さは、鉄筋表面からコンクリート表面までの最短距離であり、鉄筋コンクリートの耐久性、耐火性を確保するために最低値が定められている。適切なかぶり厚さを確保することで、鉄筋の錆や火災時の熱による鉄筋強度の低下、鉄筋の引き抜きによるコンクリートのひび割れを防止することができる。設計かぶり厚さの値は、施工時の誤差を考慮しているため、建築基準法施行令で要求されているかぶり厚さの最低値より大きくなっている。

問題 2.1 ▶ p.29

　力の釣合い式は

$N = A_c \cdot \sigma_c + a_s \cdot \sigma_s$ ‥‥‥‥‥‥‥‥‥‥‥‥‥‥‥‥‥ (a)

である。

　ここで、コンクリートと鉄筋は同じだけの縮み量 Δl を受けているので、どちらにも同じひずみが生じている。そのひずみを ε とすると、

$\sigma_c = E_c \cdot \varepsilon = 2 \times 10^4 \varepsilon$ ‥‥‥‥‥‥‥‥‥‥‥‥‥‥‥ (b)

$\sigma_s = E_s \cdot \varepsilon = 2 \times 10^5 \varepsilon$ ‥‥‥‥‥‥‥‥‥‥‥‥‥‥‥ (c)

　式 a に式 b、c を代入すると、

$N = 10\,\text{kN} = 10000\,\text{N}$

$A_c = 1000\,\text{mm}^2$

$a_s = 100\,\text{mm}^2$

なので、

$10000 = 1000 \times 2 \times 10^4 \varepsilon + 100 \times 2 \times 10^5 \varepsilon$

$$1 \times 10^4 = 4 \times 10^7 \varepsilon$$

よって、

$$\varepsilon = 0.25 \times 10^{-3}$$

ゆえに、

$$\sigma_c = 2 \times 10^4 \times 0.25 \times 10^{-3} = 5\,\mathrm{N/mm^2}$$

$$\sigma_s = 2 \times 10^5 \times 0.25 \times 10^{-3} = 50\,\mathrm{N/mm^2}$$

ひずみは $\varepsilon = \dfrac{\Delta l}{l}$ であるから、

$$\Delta l = \varepsilon \cdot l = 0.25 \times 10^{-3} \times 200 = 0.05\,\mathrm{mm}$$

問題 3.1 ▶ p.35

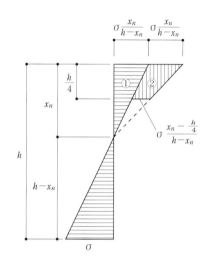

下側の圧縮力　　$C = \dfrac{\sigma \cdot b \, (h - x_n)}{2}$

上側の引張力①　$T_1 = \sigma \cdot b \, \dfrac{x_n{}^2}{2 \, (h - x_n)}$

上側の引張力②　$T_2 = \sigma \cdot b \, \dfrac{h}{6} \left(\dfrac{x_n}{h - x_n} + \dfrac{x_n - \dfrac{h}{3}}{h - x_n} \right)$

$C = T_1 + T_2$ であるから、

$$\frac{\sigma \cdot b \, (h - x_n)}{2} = \sigma \cdot b \, \frac{x_n{}^2}{2 \, (h - x_n)} + \sigma \cdot b \, \frac{h}{6} \left(\frac{x_n}{h - x_n} + \frac{x_n - \dfrac{h}{3}}{h - x_n} \right)$$

これより、$x_n = \dfrac{5}{12} h$ となる。

問題 3.2 ▶ p.40

$$\varepsilon = \frac{2 \times 10^5}{2 \times 10^4} = 10$$

$$T = a_t \cdot f_t = 1500 \times 300 = 450 \times 10^3\,\mathrm{N}$$

$$\varepsilon_s = \frac{f_t}{E_s} = \frac{300}{2 \times 10^5} = 0.0015$$

$$\sigma_c = E_c \cdot \varepsilon_c = E_c \cdot \varepsilon_s \frac{x_n}{d - x_n}$$

$$= 2 \times 10^4 \times 0.0015 \times \frac{x_n}{600 - x_n} = 30 \times \frac{x_n}{600 - x_n}$$

$$C = b \cdot s_c \frac{x_n}{2} = 300 \times 30 \times \frac{x_n}{600 - x_n} \times \frac{x_n}{2} = \frac{4500 \, x_n{}^2}{600 - x_n}$$

$T = C$ より、

$$450 \times 10^3 = \frac{4500 \, x_n{}^2}{600 - x_n} \rightarrow x_n{}^2 - 100 x_n + 60000 = 0$$

これより、

$$x_n = -300\,\mathrm{mm},\ 200\,\mathrm{mm} \rightarrow x_n = 200\,\mathrm{mm}$$

これより、

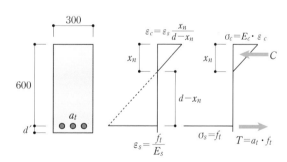

鉄筋が許容応力度の時の単筋梁の断面のひずみ度と応力度

$$C = b \cdot s_c \cdot \frac{x_n}{2} = 300 \times 30 \times \frac{200}{600-200} \times \frac{200}{2} = 450 \times 10^3 \,\mathrm{N}$$

$$\therefore M_a = C \cdot j = T \cdot j = 450 \times 10^3 \times \left(600 - \frac{200}{3}\right)$$

$$= 240 \times 10^6 \,\mathrm{Nmm} = 240 \text{ kNm}$$

問題 3.3 ▶ p.40

①鉄筋が先に許容応力度に達すると仮定すると、

$$p_t = \frac{a_t}{b \cdot d} = \frac{2500}{300 \times 600} = 0.01388$$

$$M_a = p_t \cdot f_t \left(1 - \frac{\sqrt{(n \cdot p_t)^2 + 2\,n \cdot p_t} - n \cdot p_t}{3}\right) b \cdot d^2$$

$$= 0.01388 \times 300 \times \left(1 - \frac{\sqrt{(10 \times 0.01388)^2 + 2 \times 10 \times 0.01388} - 10 \times 0.01388}{3}\right) \times 300 \times 600^2$$

$$= 391 \times 10^6 \,\mathrm{Nmm} = 391 \text{ kNm}$$

②コンクリートが先に許容応力度に達すると仮定すると、

$$M_a = \frac{f_c\left(\sqrt{(n \cdot p_t)^2 + 2\,n \cdot p_t} - n \cdot p_t\right)}{2}\left(1 - \frac{\sqrt{(n \cdot p_t)^2 + 2\,n \cdot p_t} - n \cdot p_t}{3}\right) b \cdot d^2$$

$$= \frac{16 \times \left(\sqrt{(10 \times 0.01388)^2 + 2 \times 10 \times 0.01388} - 10 \times 0.01388\right)}{2}$$

$$\times \left(1 - \frac{\sqrt{(10 \times 0.01388)^2 + 2 \times 10 \times 0.01388} - 10 \times 0.01388}{3}\right) \times 300 \times 600^2$$

$$= 293.5 \times 10^6 \,\mathrm{Nmm} = 293.5 \text{ kNm}$$

コンクリートが先に許容応力度に達し、許容曲げモーメント $M_a = 293.5\,\mathrm{kNm}$ である。

問題 3.4 ▶ p.42

$$M_a = a_t \cdot f_t \cdot \frac{7}{8} d$$

$$= 2500 \times 300 \times \frac{7}{8} \times 600$$

$$= 394 \times 10^6 \,\mathrm{Nmm} = 394 \text{ kNm}$$

となり、過大評価となっている。

問題 3.5 ▶ p.44

引張鉄筋比　$p_t = \dfrac{a_t}{b \cdot d} = \dfrac{7500}{300 \times 600} = 0.0417$

鉄筋の降伏ひずみ　$\varepsilon_y = \dfrac{300}{2 \times 10^5} = 0.0015$

式 3.27 で、終局モーメント時の釣合鉄筋比を求めてみると、

$$p_{tbu} = \frac{0.85\,\sigma_B \cdot k_1}{\sigma_y} \times \frac{0.003}{0.003 + \varepsilon_y} = \frac{0.85 \times 24 \times 0.85}{300} \times \frac{0.003}{0.003 + 0.0015} = 0.0385$$

釣合鉄筋比より引張鉄筋比の方が大きいので圧縮破壊となる。鉄筋のひずみは、式 3.24 より、

$$\varepsilon_s = 0.003 \times \frac{d - x_n}{x_n}$$

これより鉄筋の引張力は、

$$T = a_t \cdot \sigma_s = 0.003 \times \frac{d - x_n}{x_n} E_s \cdot a_t = 4500000 \times \frac{600 - x_n}{x_n}$$

これと、コンクリートの圧縮力 $C = 0.85\, \sigma_B \cdot b \cdot k_1 \cdot x_n = 5202\, x_n$ との釣合いより、

$$5202\, x_n = 4500000 \times \frac{600 - x_n}{x_n}$$

となる。これより、

$$x_n{}^2 + 865\, x_n - 519031 = 0$$

$$x_n = 408\,\mathrm{mm}$$

式3.25 より、

$$M_u = 0.85\, \sigma_B \cdot b \cdot k_1 \cdot x_n \left(d - \frac{k_1 \cdot x_n}{2} \right) = 5202 \times 408 \times \left(600 - \frac{085 \times 408}{2} \right)$$

$$= 905 \times 10^6\,\mathrm{Nmm} = 905\,\mathrm{kNm}$$

例題3.5 と比べて、鉄筋量は5倍となっているが、圧縮破壊となったため、終局曲げモーメントは3.6倍にしかなっていない。

問題 3.6 ▶ p.48

式3.34 より、

$$C \cdot j = C_c \left(d - \frac{x_n}{3} \right) + C_s (d - d_c{}')$$

$$= \frac{\sigma_c \cdot x_n \cdot b}{2} \left(d - \frac{x_n}{3} \right) + n \frac{x_n - d_c{}'}{x_n}\, \sigma_c \cdot p_c \cdot b \cdot d\, (d - d_c{}')$$

式3.31 より、

$$T = n \frac{d - x_n}{x_n}\, \sigma_c \cdot p_t \cdot b \cdot d$$

であり、$C = T$ であるから、式3.34 を変形して、

$$j = \frac{\dfrac{\sigma_c \cdot x_n \cdot b}{2} \left(d - \dfrac{x_n}{3} \right) + n \dfrac{x_n - d_c{}'}{x_n}\, \sigma_c \cdot p_c \cdot b \cdot d\, (d - d_c{}')}{C}$$

$$= \frac{\dfrac{\sigma_c \cdot x_n \cdot b}{2} \left(d - \dfrac{x_n}{3} \right) + n \dfrac{x_n - d_c{}'}{x_n}\, \sigma_c \cdot p_c \cdot b \cdot d\, (d - d_c{}')}{n \dfrac{d - x_n}{x_n}\, \sigma_c \cdot p_t \cdot b \cdot d}$$

$$= \frac{x_n{}^2}{2\, n \cdot p_t (d - x_n)} \left(1 - \frac{\dfrac{x_n}{d}}{3} \right) + \frac{x_n - d_c{}'}{d - x_n} (d - d_c{}') \frac{p_c}{p_t}$$

$$= \frac{d}{(1 - x_{n1})} \left\{ \frac{x_{n1}{}^2}{6\, n \cdot p_t} (3 - x_{n1}) + (x_{n1} - d_{c1})(1 - d_{c1})\, \gamma \right\}$$

式3.32 より、

$$x_{n1}{}^2 + 2n \cdot p_t\, (1 + \gamma)\, x_{n1} - 2n \cdot p_t\, (1 + \gamma) \quad \text{であるから、}$$

$$x_{n1}^{2} = 2n \cdot p_t \left\{ (1 + \gamma \cdot d_{c1}) - (1 + \gamma) x_{n1} \right\}$$

これを代入すると、

$$j = \frac{d}{3(1 - x_{n1})} \left[\left\{ (1 + \gamma \cdot d_{c1}) - (1 + \gamma) x_{n1} \right\} (3 - x_{n1}) + 3 (x_{n1} - d_{c1})(1 - d_{c1}) \gamma \right]$$

$$= \frac{d}{3(1 - x_{n1})} \left\{ (1 - x_{n1})(3 - x_{n1}) + \gamma (x_{n1} - d_{c1})(3 - x_{n1}) + 3 (x_{n1} - d_{c1})(1 - d_{c1}) \gamma \right\}$$

$$= \frac{d}{3(1 - x_{n1})} \left\{ (1 - x_{n1})(3 - x_{n1}) + \gamma (x_{n1} - d_{c1})(x_{n1} - 3 d_{c1}) \right\}$$

問題 3.7 ► p.51

$$n = \frac{2 \times 10^5}{2 \times 10^4} = 10$$

$$d_{c1} = \frac{50}{600} = 0.0833$$

$$p_t = \frac{a_t}{b \cdot d} = \frac{2500}{300 \times 600} = 0.01388$$

$$\gamma = \frac{500}{2500} = 0.2$$

$$x_{n1} = n \cdot p_t \left\{ \sqrt{(1 + \gamma)^2 + \frac{2}{n \cdot p_t}(1 + \gamma \cdot d_{c1})} - (1 + \gamma) \right\}$$

$$= 10 \times 0.01388 \times \left\{ \sqrt{(1 + 0.2)^2 + \frac{2}{10 \times 0.01388}(1 + 0.2 \times 0.0833)} - (1 + 0.2) \right\}$$

$$= 0.390$$

$$j = \frac{d}{3(1 - x_{n1})} \left\{ (1 - x_{n1})(3 - x_{n1}) + \gamma (x_{n1} - d_{c1})(x_{n1} - 3 d_{c1}) \right\}$$

$$= \frac{600}{3(1 - 0.390)} \times \left\{ (1 - 0.390)(3 - 0.390) + 0.2 (0.390 - 0.0833)(0.390 - 3 \times 0.0833) \right\}$$

$$= 524.8$$

引張鉄筋が許容引張応力度 f_t に達した時のモーメント M_a なので、式 3.21 により、

$$M_a = T \cdot j = a_t \cdot f_t \cdot j = 2500 \times 300 \times 524.8$$

$$= 393.6 \times 10^6 \, \mathrm{Nmm} = 393.6 \, \mathrm{kNm}$$

問題 3.8 ► p.51

略算式

$$M_a = a_t \cdot f_t \cdot \frac{7}{8} d$$

$$= 2500 \times 300 \times \frac{7}{8} \times 600$$

$$= 394 \times 10^6 \, \mathrm{Nmm} = 394 \, \mathrm{kNm}$$

であり、ほぼ対応している。複筋梁になったことで、圧縮破壊でなくなったと考えられる。
式 3.40 で釣合鉄筋比を算定してみると、

$$p_{tb} = \frac{1}{2 \left(1 + \dfrac{f_t}{n \cdot f_c} \right) \left\{ \dfrac{f_t}{f_c}(1 + \gamma \cdot d_{c1}) - n \gamma (1 - d_{c1}) \right\}}$$

$$= \frac{1}{2 \left(1 + \dfrac{300}{10 \times 24} \right) \left\{ \dfrac{300}{24}(1 + 0.2 \times 0.0833) - 10 \times 0.2 (1 - 0.0833) \right\}}$$

$$= 0.02043$$

であり、釣合鉄筋比以下となっている。

問題 3.9 ► p.62

①有効せい（下端鉄筋に対して）鉄筋の最外径を用いる（D22 では 25 mm）。

$$d = 650 - \left(40 + 10 + \frac{25}{2} + 22 \times 2.5 \times \frac{2}{4+2}\right) = 569.2 \quad \rightarrow \quad 565$$

※安全性に考慮して小さめの数値とした。

②下端引張鉄筋比

$$p_t = 387 \times \frac{6}{350 \times 565} = 0.0117$$

③せん断補強筋比

$$p_w = 71 \times \frac{2}{350 \times 150} = 0.0027$$

④短期許容モーメント（略算式）

$$M_a = 387 \times 6 \times 345 \times 565 \times \frac{7}{8} \times 10^{-6} = 396.0 \text{ kNm}$$

⑤終局モーメント

$$M_y = 387 \times 6 \times 345 \times 565 \times 0.9 \times 10^{-6} = 407.4 \text{ kNm}$$

⑥終局モーメント時の荷重

$$p_y = \frac{4 \times M_y}{6.0} = 271.6 \text{ kN}$$

問題 4.1 ► p.70

コンクリートの長期と短期の許容圧縮応力度は、8 N/mm²、16 N/mm² であるので、式 4.10 と式 4.11 の境界の軸力はそれぞれ、1000 kN、2000 kN となる。これより、許容曲げモーメントは長期は式 4.11、短期は式 4.10 により、

$$\text{長期} : M_a = \frac{500 \times 500^2 \times 8}{6} \left(1 - \frac{1500000}{500 \times 500 \times 8}\right)$$
$$= 41.7 \times 10^6 \text{ Nmm} = 41.7 \text{ kNm}$$

$$\text{短期} : M_a = \frac{1500000 \times 500}{2} \left(1 - \frac{4 \times 1500000}{3 \times 500 \times 500 \times 16}\right)$$
$$= 187.5 \times 10^6 \text{ Nmm} = 187.5 \text{ kNm}$$

終局曲げモーメントは式 4.14 より、

$$M_a = \frac{1500000 \times 500}{2} \left(1 - \frac{1500000}{0.85 \times 500 \times 500 \times 24}\right)$$
$$= 264.7 \times 10^6 \text{ Nmm}$$

となる。

問題 4.2 ► p.70

x_n が断面端にある時の軸力は、

$$長期：500 \times 500 \times \frac{8}{2} = 1000000 \text{ N}$$

$$短期：500 \times 500 \times \frac{16}{2} = 2000000 \text{ N}$$

なので、中立軸は断面内にある。

圧縮端から中立軸までの距離を x_n と置くと、軸力との釣合いにより、

$$長期：500 \times x_n \times \frac{8}{2} = 1000000 \text{ N} \quad \rightarrow \quad x_n = 500$$

$$短期：500 \times x_n \times \frac{16}{2} = 1000000 \text{ N} \quad \rightarrow \quad x_n = 250$$

許容曲げモーメントは、

$$長期：M_a = 1000000 \times \left(250 - \frac{500}{3}\right) = 83.3 \times 10^6 \text{ Nmm} = 83.3 \text{ kNm}$$

$$短期：M_a = 1000000 \times \left(250 - \frac{250}{3}\right) = 166.7 \times 10^6 \text{ Nmm} = 166.7 \text{ kNm}$$

問題 4.3 ▶ p.74

$$p_t = \frac{1500}{500 \times 500} = 0.006$$

$$d_{t1} = \frac{75}{500} = 0.15$$

それぞれの作用している軸力では、

$$200 \text{ kN}：\frac{N}{b \cdot D} = \frac{200000}{500 \times 500} = 0.8 \text{ N/mm}^2 \quad \rightarrow \quad \frac{M}{b \cdot D^2} = 1.83 \qquad 鉄筋で決まる。$$

$$3000 \text{ kN}：\frac{N}{b \cdot D} = \frac{3000000}{500 \times 500} = 12 \text{ N/mm}^2 \quad \rightarrow \quad \frac{M}{b \cdot D^2} = 1.22 \qquad コンクリートで決まり中立$$

軸は断面外。

$$200 \text{ kN}：M = 1.83 \times 500 \times 500 \times 500 = 228.8 \times 10^6 \text{ Nmm} = 229 \text{ kNm}$$

$$3000 \text{ kN}：M = 1.22 \times 500 \times 500 \times 500 = 152.5 \times 10^6 \text{ Nmm} = 153 \text{ kNm}$$

問題 4.4 ▶ p.76

$$M_u = a_t \cdot \sigma_y (D - 2\,d_t) + \frac{N \cdot D}{2}\left(1 - \frac{N}{0.85\,\sigma_B \cdot b \cdot D}\right)$$

$$= 1500 \times 345 \times (500 - 2 \times 75) + \frac{1000000 \times 500}{2}\left(1 - \frac{1000000}{0.85 \times 24 \times 500 \times 500}\right)$$

$$= 382 \times 10^6 \text{ Nmm} = 382 \text{ kNm}$$

短期許容曲げモーメントの 1.5 倍程度の値となっている。

問題 4.5 ▶ p.80

4 隅の鉄筋は長期荷重時には各方向に半分ずつ抵抗すると仮定すると、x 方向 4-D25、Y 方向 2-D25 となる。

$$\frac{N}{b \cdot D} = \frac{100000}{500 \times 500} = 4 \text{ N/mm}^2$$

X方向：$p_t = 4 \times \dfrac{507}{500 \times 500} = 0.00811$

Y方向：$p_t = 2 \times \dfrac{507}{500 \times 500} = 0.00406$

図 4.21（a）より、

X方向：$\dfrac{M}{b \cdot D^2} = 1.13$

Y方向：$\dfrac{M}{b \cdot D^2} = 0.90$

これより長期許容曲げモーメントは、

X方向：$M_a = 1.13 \times 500 \times 500^2 = 141 \times 10^6 \text{ Nmm} = 141 \text{ kNm}$

Y方向：$M_a = 0.90 \times 500 \times 500^2 = 112.5 \times 10^6 \text{ Nmm} = 112 \text{ kNm}$

X方向で、許容耐力が不足することになる。Y方向で余っているので、それを考慮して負担率を調整すれば OK になるかもしれないが、一般には断面変更が必要になる。

問題 5.1　▶ p.94

①有効せい（下端鉄筋に対して）　鉄筋の最外径を用いる（D25 では 28 mm）。

$$d = 650 - \left(40 + 10 + \frac{28}{2} + 25 \times 2.5 \times \frac{4}{4+4}\right) = 554.8 \quad \rightarrow \quad 550$$

②終局モーメント

$$M_u = \frac{507 \times 8 \times 345 \times 550 \times 0.9}{1000000} = 692.7 \text{ kNm}$$

③終局曲げモーメント時のせん断力

$$Q_u = \frac{M_u}{3.0} = 231 \text{ kN}$$

④短期許容せん断力

せん断補強筋比　$p_w = 71 \times \dfrac{2}{350 \times 150} = 0.0027$

$$Q_s = b \cdot j \{f_s + 0.5 \, _wf_t (p_w - 0.002)\}$$

$$= 350 \times 550 \times \frac{7}{8} \times \frac{1.10 + 0.5 \times 295 \times (0.0027 - 0.002)}{1000}$$

$$= 203 \text{ kN}$$

よって、短期許容せん断力 Q_s が、曲げ終局耐力時に作用するせん断力 Q_u に比べ小さいので、せん断破壊する可能性が高い。

問題 6.1　▶ p.104

式 6.11 より、

$Q_{Aj} = \kappa_A (f_s - 0.5) b_j \cdot D$

①梁幅 b_b を大きくすると、式 6.11 の b_j も大きくなるため、Q_{Aj} は大きくなる。

②コンクリートの設計基準強度 F_c を大きくすると、式 6.11 の f_s も大きくなるため、Q_{Aj} は大きくなる。

③接合部の形状（L 形、ト形、T 形、十字形）の影響は、式 6.11 の κ_A で考慮されており、L 形＜ト形＜T 形＜十字形の順番で大きくなる。

④せん断補強筋を増やしても、式 6.11 の中にせん断補強筋に関する項がないため、Q_{Aj} は変化しない。ただし、終局以降の荷重の急激な低下を防ぐためにも、最小せん断補強筋比 0.2% を確保する必要がある。

⑤式 6.11 の中の D は、柱せいであり、式の中に梁せいに関する項がないため、梁せいを大きくしても、Q_{Aj} は変化しない。

問題 9.1　▶ p.124

床スラブの長期たわみに影響を及ぼす因子には、

①コンクリートのひび割れ

②コンクリートのクリープ

③乾燥収縮

④端部筋の抜け出し

がある。

既往の研究では、全たわみに占める影響因子の割合は、① 30 〜 40%、② 15 〜 20%、③ 15 〜 20%、④ 20 〜 30% となっている。

問題 9.2　▶ p.124

スラブの設計用曲げモーメントは、短辺方向の方が長辺方向より大きな値となる。

そのため、短辺方向のスラブ筋間隔は、長辺方向のスラブ筋間隔よりも小さくする必要があり、表 9.2 のように短辺方向では 200 mm 以下、長辺方向では 300 mm 以下となっている。

問題 9.3　▶ p.126

直接基礎には、独立フーチング基礎、連続フーチング基礎（布基礎）、べた基礎がある。

地盤の地耐力が小さいほど、基礎底面と地盤との接地面積を増やしたいので、べた基礎を用いることになる。

問題 9.4　▶ p.126

上部構造を安全に支持し、上部構造の性能に障害を与えないこと。そのためには、地盤が破壊しないこと、過大な変形（沈下）を生じないことが必要である。

問題 9.5　▶ p.126

応力度算定断面 $l' \times D$ に作用する設計用せん断力 Q_F は、図 9.6（上）の応力度算定断面 $l' \times D$ の左側に水色でハッチングした面積 $\left(l' \cdot \dfrac{l-a}{2} \right)$ に、柱軸力 N_c により基礎低版に作用している平均応力度 $\dfrac{N_c}{l \cdot l'}$ を乗じたものになる。式で表すと、

$$Q_F = \left(l' \cdot \frac{l-a}{2} \right) \times \frac{N_c}{l \cdot l'}$$

よって式 9.10 が得られる。

$$\frac{Q_F}{N_c} = \frac{1}{2} \cdot \frac{l-a}{l} \cdots\cdots\cdots\cdots\cdots\cdots\cdots\cdots\cdots\cdots\cdots (9.10)$$

設計用曲げモーメント M_F は、Q_F に算定断面までの距離 $\dfrac{l-a}{4}$ を乗じたものであるから、

$$\begin{aligned} M_F &= Q_F \cdot \frac{l-a}{4} \\ &= \frac{l-a}{2\,l} \cdot N_c \cdot \frac{l-a}{4} \\ &= \frac{(l-a)^2}{8\,l} \cdot N_c \end{aligned}$$

よって式 9.11 が得られる。

$$\frac{M_F}{N_c \cdot a} = \frac{1}{8} \cdot \frac{(l-a)^2}{l \cdot a} \cdots\cdots\cdots\cdots\cdots\cdots\cdots\cdots\cdots (9.11)$$

柱軸力 N_c により、柱下部で、角錐台形に押し抜かれるパンチングシヤーを考える。このせん断力は、図 9.6（中）に示すように、柱の表面から基礎スラブの有効せい d の $\dfrac{1}{2}$ の点を連ねた破線の曲線を通る鉛直面を算定断面とし、その外側に作用する全外力をパンチグシヤー Q_P とする。

破線で囲まれた部分の面積を A_0 とすると、

$$Q_P = N_c \cdot \frac{l \cdot l' - A_0}{l \cdot l'} \cdots\cdots\cdots\cdots\cdots\cdots\cdots\cdots\cdots (f)$$

となる。A_0 は以下の式で表せるので、

$$A_0 = (a+b) \cdot (a'+b) - d^2 \cdot \left(1 - \frac{\pi}{4}\right) \cdots\cdots\cdots\cdots\cdots\cdots (g)$$

式 f に式 g を代入すると、式 9.12 が得られる。

$$Q_P = \left[l \cdot l' - \left\{ d(a'+a) + a \cdot a' + \frac{\pi d^2}{4} \right\} \right] \frac{Nc}{l \cdot l'} \cdots\cdots (9.12)$$

問題 10.1　▶ p.135

まず、バリニオンの定理を用いて重心・剛心位置を、Y_0 軸を基準にして求める。

Y_0 軸から重心までの距離 y_g

$$y_g = \frac{12620}{2490} = 5.07 \text{ m}$$

Y_0 軸から剛心までの距離 y_s

$$y_s = \frac{131.2}{16.26} = 8.07 \text{ m}$$

構面	距離 l（m）	重量 W（kN）	$W \times l$	D 値	$D \times l$
Y_2	10	$377 \times 2 + 34$	7880	12	120
Y_1	5	474×2	4740	1.12×2	11.2
Y_0	0	377×2	0	1.01×2	0
合計		2490	12620	16.26	131.2

偏心距離 $e_y = 8.07 - 5.07 = 3.00$ m

x 方向は対称なので、重心・剛心とも中央となる。

y 方向はかなり大きな偏心となっている。

剛心まわりの剛性の断面二次モーメントに相当するねじり剛性 K_R を、次の式から求める。

$$\begin{aligned} K_R &= \Sigma D_{yi} \cdot x_i^2 + \Sigma D_{xi} \cdot y_i^2 = 2 \times (1.18 \times 2 + 1.26) \times 4.0^2 + 12 \times (10 - 8.07)^2 \\ &\quad + 1.12 \times 2 \times (8.07 - 5)^2 + 1.01 \times 2 \times 8.07^2 \\ &= 313.2 \end{aligned}$$

次に、y 方向の断面二次半径に相当する弾力半径 r_e を、次の式から求める。

$$r_e = \sqrt{\frac{K_R}{\Sigma D}} = \sqrt{\frac{313.2}{16.26}} = 4.39$$

これより x 方向の偏心率 R_{ex} は、

$$R_{ex} = \frac{3.00}{4.39} = 0.68$$

この値は、偏心率の制限値 0.15 をはるかに超えているので、x 方向に地震力が作用した時に、Y_0 構面が大きく振られると予想される。

柱 550 mm 角、壁 150 mm × 7450 mm、$W = 1885 + 34 = 1919$ kN、$F_c = 24$ N/mm² であり、

$$式 10.16 \; 左辺 = 2.5 \times \sqrt{\frac{24}{18}} \times 150 \times 7450 + 0.7 \times \sqrt{\frac{24}{18}} \times 550 \times 550 \times 6 = 4693000$$

$$式 10.16 \; 右辺 = 1 \times 1919 \times 1000 = 1919000$$

となるので、式 10.16 を満足している。したがって、法規上は偏心率の計算が不要になる。

しかし、ここで計算したように、偏心率が過大であり、地震時の被害が予測される。鉄筋コンクリート建築物では、耐震壁の適切な配置と正しい評価が、耐震性能上重要である。

索 引

著者略歴

島﨑和司（しまざき　かずし）

1977 年東京工業大学工学部建築学科卒業、1979 年東京工業大学大学院社会開発工学専攻修士課程修了、1995 年東京工業大学大学院社会開発工学専攻博士課程修了。㈱間組技術研究所、建設省建築研究所部外研究員、米国イリノイ大学客員研究員等を経て、神奈川大学工学部建築学科教授。共著書に『鉄筋コンクリート構造計算規準・同解説 2010』『鉄筋コンクリート構造保有水平耐力計算規準・同解説』（日本建築学会）『〈建築学テキスト〉建築構造力学 I、II』（学芸出版社）など。

坂田弘安（さかた　ひろやす）

1983 年東京工業大学工学部建築学科卒業、1988 年東京工業大学大学院建築学専攻博士課程単位取得満期退学。1988 年東京工業大学助手、1990 年工学博士（東京工業大学）、1992 年愛知産業大学助教授、1997 年東京工業大学助教授を経て、2012 年より東京工業大学教授。共著書に『〈建築学テキスト〉建築構造力学 I、II』（学芸出版社）など。主な受賞歴に 1992 年日本建築学会奨励賞、2015 年日本建築学会賞（論文）など。

図説 鉄筋コンクリート構造

2021 年 5 月 25 日　第 1 版第 1 刷発行
2024 年 8 月 20 日　第 1 版第 2 刷発行

著　　者………島﨑和司、坂田弘安
発行者………井口夏実
発行所………株式会社学芸出版社
　　　　　　京都市下京区木津屋橋通西洞院東入
　　　　　　電話 075 – 343 – 0811　〒 600 – 8216
　　　　　　http://www.gakugei-pub.jp/
　　　　　　info@gakugei-pub.jp
編集担当……中木保代、真下享子
装　　丁……KOTO DESIGN Inc. 山本剛史
印　　刷……創栄図書印刷
製　　本……新生製本